Diversidad e Inclusión.
Una mirada desde la educación

Ana M.ª Porto Castro / M.ª Josefa Mosteiro García / Beatriz García Antelo (eds.)

Diversidad e Inclusión. Una mirada desde la educación

PETER LANG

Información bibliográfica publicada por la Deutsche Nationalbibliothek
La Deutsche Nationalbibliothek recoge esta publicación en la Deutsche
Nationalbibliografie; los datos bibliográficos detallados están disponibles
en Internet en http://dnb.d-nb.de.

Catalogación en publicación de la Biblioteca del Congreso
Para este libro ha sido solicitado un registro en el catálogo CIP
de la Biblioteca del Congreso.

ISBN 978-3-631-88428-7 (Print)
E-ISBN 978-3-631-88429-4 (E-PDF)
E-ISBN 978-3-631-88430-0 (EPUB)
DOI 10.3726/b19931

© Peter Lang GmbH
Internationaler Verlag der Wissenschaften
Berlin 2023
Todos los derechos reservados.

Peter Lang – Berlin · Bruxelles · Lausanne · New York · Oxford

Esta publicación ha sido revisada por pares.

www.peterlang.com

Índice

Introducción

La diversidad es una realidad social, derivada de la singularidad biológica, psicológica, social y cultural de todas las personas, que está también presente en todos los centros educativos. Su reconocimiento tiene en educación un significado especial, pues no se puede pensar en una educación de calidad sin atender a la diversidad y garantizar la inclusión.

La Declaración Mundial sobre Educación para Todos celebrada en Jomtien, Tailandia en 1990, estableció la necesidad básica del aprendizaje a lo largo de la vida y asumió como eje prioritario de la educación la atención a las personas con discapacidad, considerando una tarea urgente adoptar medidas que garantizaran la igualdad de acceso a la educación. Posteriormente, con la Declaración de Salamanca de Principios, Política y Práctica para las Necesidades Educativas Especiales, aprobada por representantes de 92 gobiernos y 25 organizaciones internacionales en junio de 1994, nace el movimiento de la educación para todos y la educación inclusiva, una educación para todo el alumnado, con independencia de sus diferencias individuales, tal como reconoce la UNESCO en 1994.

La educación inclusiva, término relativamente reciente en el sentido en el que hoy lo concebimos, implica que todas las personas, independientemente de sus características y condiciones personales, sociales o culturales pueden aprender juntas y desarrollarse de modo integral; es por tanto, un proceso en el que todo el alumnado se beneficia de una enseñanza adaptada a sus características y necesidades; se entiende como un proceso de fortalecimiento de la capacidad del sistema educativo para llegar a todo el alumnado. Como principio general, siguiendo los presupuestos de la UNESCO de 2009, debe orientar todas las políticas y prácticas educativas, partiendo del hecho de que la educación es un derecho humano básico y el fundamento de una sociedad más justa e igualitaria.

Con el inicio del nuevo siglo XXI llegan nuevas declaraciones e iniciativas de carácter internacional y nacional que tienen como finalidad garantizar una escuela inclusiva de calidad. Entre las más recientes cabe citar en el año 2015, la Agenda 2030 para el Desarrollo Sostenible aprobada por la Asamblea General de las Naciones Unidas. El objetivo 4 de dicha agenda propone que una prioridad de los estados debe ser garantizar una educación inclusiva y equitativa de calidad y promover oportunidades de aprendizaje permanente para todos. En concreto, se apuesta de modo claro por asegurar el acceso igualitario a todos los niveles de la enseñanza y la formación profesional de las personas vulnerables, incluidas las personas con discapacidad, los pueblos indígenas y los niños en situaciones de vulnerabilidad (4.5). Al mismo tiempo, también se subraya la necesidad de construir y adecuar instalaciones educativas que tengan en cuenta las necesidades de los niños y las personas con discapacidad, y que ofrezcan entornos de aprendizaje seguros, no violentos, inclusivos y eficaces para todos (4.7.a).

El libro que el lector tiene en sus manos trata de reflexionar sobre conceptos como la diversidad, la equidad y la inclusión, plantear interrogantes y ofrecer líneas de actuación que permitan acomodar la diversidad a la realidad de los centros de cualquiera de los niveles educativos. En su elaboración participan profesores/as universitarios/as que con su experiencia abordan desde distintos ángulos, enfoques y perspectivas la atención educativa a la diversidad y la inclusión como ejes vertebradores de una educación equitativa y de calidad.

Su estructura, en siete capítulos, es la siguiente. En primer lugar, el capítulo de Ana M.ª Porto Castro y M.ª Josefa Mosteiro García titulado *La atención al alumnado con discapacidad en las aulas universitarias*, aborda la formación del profesorado universitario y la importancia que tiene incorporar el tratamiento de la discapacidad en la universidad. Las autoras, partiendo del concepto de inclusión y discapacidad, analizan la legislación que regula la inclusión del alumnado con discapacidad en la universidad. En este contexto destacan el papel que adquiere la formación del profesorado universitario para facilitar la inclusión del alumnado con discapacidad en las aulas universitarias. Como colofón, se ofrecen algunas respuestas a las necesidades formativas del profesorado universitario que ha de atender un alumnado diverso en sus aulas.

El segundo capítulo, titulado *El profesorado ante la atención a la diversidad: el reto de la formación*, de las profesoras Felicidad Barreiro Fernández y Elisa Teresa Zamora Rodríguez, se centra en la normativa sobre atención a la diversidad y la educación inclusiva en la enseñanza obligatoria, subrayando que la formación de los y las docentes resulta un elemento imprescindible para poder dar respuesta a la atención a la diversidad y conseguir una educación inclusiva. En la segunda parte del capítulo se presentan los resultados extraídos de un estudio que pretende obtener una visión actualizada y completa de la situación real de la atención a la diversidad en la enseñanza obligatoria desde el punto de vista de diversos sectores de la comunidad educativa, con la intención de establecer los elementos que pueden estar influyendo en el desarrollo de esta y ofrecer sugerencias tendentes a mejorar la atención a la diversidad del alumnado de enseñanza obligatoria.

A continuación, en el capítulo tercero, Beatriz García Antelo y Cristina Abeal Pereira se ocupan de *La acción tutorial en la atención a la diversidad*. En la redacción de esta parte del texto se reconoce que en la actualidad, para atender la diversidad en los centros educativos, se ponen en marcha un conjunto de medidas y acciones que tienen como finalidad adecuar la respuesta educativa a las diferentes necesidades del alumnado; entre ellas ocupa un cometido esencial la acción tutorial, entendida como un proceso formativo de ayuda cuyo objetivo es lograr el desarrollo integral del alumnado. En el capítulo se recogen igualmente algunos resultados de un estudio acerca de las percepciones del profesorado-tutor sobre la atención a la diversidad del alumnado en los centros de enseñanza obligatoria.

El siguiente capítulo, el número cuatro, cuya autoría corresponde a Enelina M.ª Gerpe Pérez y Lucía Lareo Pena, lleva por título *La atención a la discapacidad en la educación superior española: el papel de los servicios universitarios*, y en él se realiza una aproximación a la realidad del alumnado con discapacidad en la esfera universitaria, que da visibilidad a los servicios que poseen en la actualidad la práctica totalidad de universidades en España —tanto públicas como privadas—, a sus proyectos, recursos, acciones, etc., y proporciona una visión amplia y holística de todo lo que a ello concierne.

Eva M.ª Espiñeira Bellón y Jesús Miguel Muñoz Cantero plantean a continuación, en el capítulo quinto, un análisis del alcance y el enfoque de las acciones educativas que tienen como finalidad propiciar una educación inclusiva a través del diseño de planes de mejora. Bajo el título *Enfoques de calidad en la atención a la diversidad*, los autores abordan los diferentes enfoques de las últimas reformas educativas en torno a la idea de la calidad de la educación y de la mejora de esta, así como los conceptos de diversidad y educación inclusiva; analizan también el desarrollo de procesos educativos inclusivos, y describen la manera de efectuar propuestas para la mejora de la educación inclusiva en los centros educativos atendiendo para ello a modelos de gestión de la calidad. De esta forma, se presenta una serie de pasos secuenciados para elaborar un plan de mejora escolar con un enfoque inclusivo de manera que se puedan contextualizar las diferentes necesidades de cada centro educativo.

El siguiente capítulo, titulado *Orientación psicopedagógica en la formación profesional de un sistema de educación inclusivo*, corre a cargo de Camilo Isaac Ocampo Gómez, José Antonio Sarmiento Campos, Alberto José Barreira Arias, M.ª Dolores Castro Pais y Pablo Rodríguez Álvarez. En él se aborda el tema de la orientación psicopedagógica como intervención necesaria en el sistema educativo para una educación inclusiva en las enseñanzas de formación profesional. Se dedica un primer apartado al tratamiento de los conceptos de partida en orientación psicopedagógica. A continuación, se estudia el sentido y la organización de la formación profesional en el sistema educativo, para dar cuenta de los servicios de orientación en los centros educativos y se dedica un apartado a la inserción laboral y el desarrollo profesional de "todo el alumnado" de formación profesional teniendo en cuenta su diversidad y el proyecto vital-profesional del que forma parte el plan de búsqueda del empleo y/o autoempleo. Finalmente, dada la importancia y posibilidades que actualmente poseen las tecnologías de la información y la comunicación para la orientación psicopedagógica en un sistema educativo realmente inclusivo, los autores les dedican a estas un último apartado como modelo emergente en la orientación en formación profesional.

La educación del alumnado sobredotado en Portugal es objeto de tratamiento en el séptimo y último capítulo y su autoría corresponde a María João Sousa Santos y Daniela Batalha. Esta aportación, titulada *Percepciones sobre la educación del alumnado sobredotado*, se centra en la cuestión de la sobredotación y sus características y cómo es percibida por los/as educadores/as en las escuelas. En una primera parte se discute el concepto de sobredotación, centrando la atención en el desarrollo de las competencias emocionales y las relaciones en niños/as sobredotados/as. En un segundo momento las autoras presentan algunas de las características emocionales de los/as sobredotados/as más destacadas en la literatura para, a continuación, sistematizar algunos de los resultados obtenidos en dos estudios sobre la percepción del profesorado de 1.º y 2.º Ciclo de Enseñanza Básica en Portugal acerca de los/as sobredotados/as, intentando conocer lo que saben sobre ellos, sobre sus características y cómo adaptan las estrategias educativas a sus percepciones e ideas acerca del desarrollo de estos niños.

Damos las gracias a las autoras y los autores que se han sumado a esta tarea por su disposición y colaboración. Su aportación colectiva ha hecho posible que este libro sea una realidad.

Ana María Porto Castro. Santiago de Compostela

M.ª Josefa Mosteiro García. Santiago de Compostela

Beatriz García Antelo. Santiago de Compostela
Junio 2022

Ana M.ª Porto Castro / M.ª Josefa Mosteiro García

La atención al alumnado con discapacidad en las aulas universitarias

Resumen: Se pretende en este capítulo reflexionar sobre la formación del profesorado universitario y la importancia que tiene incorporar el tratamiento de la discapacidad en el ámbito universitario. Para ello, en el primer apartado se presenta una visión conceptual de la inclusión y la discapacidad; el segundo se centra en la legislación que regula la inclusión del alumnado con discapacidad en el contexto de la universidad; en el tercer punto se destaca el papel que adquiere la formación del profesorado universitario para facilitar la inclusión del alumnado con discapacidad en las aulas universitarias. Finalmente, el cuarto apartado trata de ofrecer algunas respuestas a la formación del profesorado universitario para atender al alumnado con discapacidad.

Palabras clave: diversidad, discapacidad, inclusión, profesorado, universidad

1. Introducción

En los últimos años, los avances hacia la igualdad de todas las personas en el ámbito educativo han sido muy significativos. La corriente crítica surgida a finales del pasado siglo XX hacia las prácticas educativas integradoras cristaliza, en el marco de la Conferencia Mundial de Educación para Todos de 1990, con el movimiento de la educación inclusiva (CRUE, 2014) que se define de esta forma:

...un proceso que permite abordar y responder a la diversidad de las necesidades de todos los educandos a través de una mayor participación en el aprendizaje, las actividades culturales y comunitarias y reducir la exclusión dentro y fuera del sistema educativo. Lo anterior implica cambios y modificaciones de contenidos, enfoques, estructuras y estrategias basados en una visión común que abarca a todos los niños en edad escolar y la convicción de que es responsabilidad del sistema educativo educar a todos los niños y las niñas (UNESCO, 2005, p. 13).

...la educación inclusiva, más que un tema marginal que trata sobre cómo integrar a ciertos estudiantes a la enseñanza convencional, representa una perspectiva que debe servir para analizar cómo transformar los sistemas educativos y otros entornos de aprendizaje, con el fin de responder a la diversidad de los estudiantes. El propósito de la educación inclusiva es permitir que los maestros y estudiantes se sientan cómodos ante la diversidad y la perciban no como un problema, sino como un desafío y una oportunidad para enriquecer las formas de enseñar y aprender" (UNESCO, 2005, p. 15).

La universidad española no es ajena a esta realidad y en las últimas décadas experimenta importantes cambios relacionados con su estructura, su misión, etc., que permiten superar muchas de sus limitaciones y dificultades y promueven una universidad más flexible, igualitaria y accesible para todas las personas. En esta perspectiva, la universidad del siglo XXI ha de afrontar la exigencia y el reto educativo de dar una respuesta adecuada a la educación de un alumnado diverso, que proviene de diferentes culturas, que tiene distintas expectativas e intereses y con capacidades variadas.

Siguiendo esta línea discursiva, nos detenemos a continuación en el alumnado con discapacidad recogiendo, por un lado, la definición de dicho constructo y, por otro, las cifras actuales que reflejan su presencia en las aulas universitarias.

La Organización Mundial de la Salud concibe la discapacidad como la consecuencia de deficiencias en funciones y/o estructuras corporales, las limitaciones en el desempeño de una actividad y las restricciones o problemas en la participación e interacción del individuo con su entorno, tanto físico como social (OMS, 2011); el término discapacidad hace alusión a un fenómeno multidimensional que surge de la interacción del individuo con el contexto y se clasifica de muy diferentes modos (Egea y Sarabia, 2004; Verdugo et al., 2013), aunque en la mayoría de los casos se suele distribuir en cuatro grandes grupos: discapacidades físicas, discapacidades sensoriales, las que alteran las capacidades intelectuales del sujeto, discapacidades psíquicas, y otras discapacidades no incluidas en ninguna de las anteriores.

En cuanto al número de personas con discapacidad que acceden hoy a los estudios universitarios, los datos constatan un incremento notable en el porcentaje, pero también dan cuenta de que es todavía reducido. Concretamente, el último informe publicado por la Fundación Universia sobre universidad y discapacidad (Fundación Universia, 2021) revela que las 61 universidades españolas estudiadas contaban en el curso académico 2019–2020 con un total de 19919 estudiantes con discapacidad, lo que representa un 1.5 % del total de sus estudiantes. La mayoría de estos/as alumnos/as presenta una discapacidad física u orgánica (30.4 %); un 11.8 % una discapacidad intelectual o del desarrollo; el 10.0 % informa de una discapacidad sensorial y el 44.0 % de una discapacidad no contemplada en las categorías anteriores o no proporciona esta información. También destaca el informe que una mayoría del 1.6 % de este alumnado son hombres, frente a un 1.2 % de mujeres. El 1.5 % está matriculado en un grado; el 1.0 % estudia un máster o realiza un posgrado y un 0.8 % un programa de doctorado; si se atiende a la rama de conocimiento, el mayor volumen de matrícula se sitúa en ciencias sociales y jurídicas (8582), seguida de los estudios STEM - ciencias, tecnología, ingeniería y matemáticas- (4749) y el menor corresponde a la rama de artes y humanidades (3483) no constando la información al respecto de un total de 3096 estudiantes.

2. La atención a la discapacidad en la legislación universitaria

Las políticas de promoción de las personas con discapacidad en la universidad han experimentado un avance significativo hacia la inclusión en los últimos años. En este sentido hay que destacar, en primer lugar, la *Ley Orgánica 6/2001, de 21 de diciembre, de Universidades* y la *Ley Orgánica 4/2007, de 12 de abril* que la modifica, en la que se obliga a prestar especial atención a las personas con discapacidad por parte de las administraciones y universidades y a garantizar su acceso y permanencia en los estudios universitarios (artículo 45.4).

Así mismo, en el artículo 46, 2.b) se reconoce: la igualdad de oportunidades y no discriminación por razones de sexo, raza, religión o discapacidad o cualquier otra condición o circunstancia personal o social en el acceso a la universidad, ingreso en los centros, permanencia en la universidad y ejercicio de sus derechos académicos.

Del mismo modo, en la disposición adicional vigésima cuarta se señala: 1. Las Universidades garantizarán la igualdad de oportunidades de los estudiantes y demás miembros de la comunidad universitaria con discapacidad, proscribiendo cualquier forma de discriminación y estableciendo medidas de acción positiva tendentes a asegurar su participación plena y efectiva en el ámbito universitario. 2. Los estudiantes y los demás miembros con discapacidad de la comunidad universitaria no podrán ser discriminados por razón de su discapacidad ni directa ni indirectamente en el acceso, el ingreso, la permanencia y el ejercicio de los títulos académicos y de otra clase que tengan reconocidos. 3. Las universidades promoverán acciones para favorecer que todos los miembros de la comunidad universitaria que presenten necesidades especiales o particulares asociadas a la discapacidad dispongan de los medios, apoyos y recursos que aseguren la igualdad real y efectiva de oportunidades en relación con los demás componentes de la comunidad universitaria. 4. Los edificios, instalaciones y dependencias de las universidades, incluidos también los espacios virtuales, así como los servicios, procedimientos y el suministro de información, deberán ser accesibles para todas las personas, de forma que no se impida a ningún miembro de la comunidad universitaria, por razón de discapacidad, el ejercicio de su derecho a ingresar, desplazarse, permanecer, comunicarse, obtener información u otros de análoga significación en condiciones reales y efectivas de igualdad. Los entornos universitarios deberán ser accesibles de acuerdo con las condiciones y en los plazos establecidos en la Ley 51/2003, de 2 de diciembre, de igualdad de oportunidades, no discriminación y accesibilidad universal de las personas con discapacidad y en sus disposiciones de desarrollo. 5. Todos los planes de estudios propuestos por las universidades deben tener en cuenta que la formación en cualquier actividad profesional debe realizarse desde el respeto y la promoción de los derechos humanos y los principios de accesibilidad universal y diseño para todos. 6. Con arreglo a lo establecido en el artículo 30 de la Ley 13/1982, de 7 de abril, de Integración Social de los Minusválidos y en sus normas de desarrollo, los estudiantes con discapacidad, considerándose por tales aquellos comprendidos en el artículo 1.2 de la Ley 51/2003, de 2 de diciembre, de igualdad de oportunidades, no discriminación y accesibilidad universal de las personas con discapacidad tendrán derecho a la exención total de tasas y precios públicos en los estudios conducentes a la obtención de un título universitario.

Finalmente, en la disposición adicional cuarta se indica que las administraciones públicas competentes, en coordinación con las respectivas universidades, establecerán programas específicos para que las víctimas del terrorismo y de la violencia de género, así como las personas con discapacidad, puedan recibir la ayuda personalizada, los apoyos y las adaptaciones en el régimen docente.

En este marco, el *Real Decreto 1393/2007, de 29 de octubre, por el que se establece la ordenación de las enseñanzas universitarias oficiales*, incide en que las universidades deben disponer de servicios de apoyo y asesoramiento adecuados, cuya tarea debe ser la evaluación de las necesidades, la realización de posibles adaptaciones curriculares e itinerarios y estudios alternativos para los/as estudiantes con necesidades educativas específicas derivadas de una situación de discapacidad.

En la misma línea, el *Real Decreto 412/2014, de 6 de junio, por el que se establece la normativa básica de los procedimientos de admisión a las enseñanzas universitarias oficiales de grado*, señala en el Capítulo III, artículo 5: 1. La admisión a las enseñanzas universitarias oficiales de Grado se realizará con respeto a los principios de igualdad, no discriminación, mérito y capacidad. 2. Todos los procedimientos de admisión a la universidad deberán realizarse en condiciones de accesibilidad para los estudiantes con discapacidad y en general con necesidades educativas especiales. Las Administraciones educativas determinarán las medidas necesarias que garanticen el acceso y admisión de estos estudiantes a las enseñanzas universitarias oficiales de Grado en condiciones de igualdad. Estas medidas podrán consistir en la adaptación de los tiempos, la elaboración de modelos especiales de examen y la puesta a disposición del estudiante de los medios materiales y humanos, de las asistencias y apoyos y de las ayudas técnicas que precise para la realización de las evaluaciones y pruebas que establezcan las universidades, así como en la garantía de accesibilidad de la información y la comunicación de los procedimientos y la del recinto o espacio físico donde estos se desarrollen. La determinación de dichas medidas se realizará en su caso con base en las adaptaciones curriculares que se aplicaron al estudiante en la etapa educativa anterior, para cuyo conocimiento las administraciones educativas y los centros docentes deberán prestar colaboración. Así mismo, la Sección 4.ª, artículo 21 recoge: 1. Las comisiones organizadoras de las pruebas de acceso determinarán las medidas oportunas que garanticen que los estudiantes que presenten algún tipo de discapacidad puedan realizar la prueba en las debidas condiciones de igualdad. En la convocatoria se indicará expresamente esta posibilidad. 2. Estas medidas podrán consistir en la adaptación de los tiempos, la elaboración de modelos especiales de examen y la puesta a disposición del estudiante de los medios materiales y humanos, de las asistencias y apoyos y de las ayudas técnicas que precise para la realización de la prueba de acceso, así como en la garantía de accesibilidad de la información y la comunicación de los procesos y la del recinto o espacio físico donde esta se desarrolle. 3. Los tribunales calificadores podrán requerir informes y colaboración de los órganos técnicos competentes de las administraciones educativas, así como de los centros donde hayan cursado estudios los estudiantes con discapacidad, que deberán informar de las adaptaciones curriculares realizadas. Igualmente, el artículo 26 indica la necesidad de reservar al menos un 5 por 100 de las plazas ofertadas para estudiantes que tengan reconocido un grado de discapacidad igual o superior al 33 por 100, así como para aquellos estudiantes con necesidades educativas especiales permanentes asociadas a circunstancias personales de discapacidad, que durante su escolarización anterior hayan precisado de recursos y apoyos para su plena normalización educativa. A tal efecto, los estudiantes con discapacidad deberán presentar certificado de calificación y reconocimiento del grado de discapacidad expedido por el órgano competente de cada comunidad autónoma.

Paralelamente, el *Real Decreto 1791/2010, de 30 de diciembre, por el que se aprueba el Estatuto del Estudiante Universitario,* reconoce los derechos de las personas con discapacidad, reforzando los principios de igualdad de oportunidades y no discriminación en los distintos aspectos de la vida universitaria: académicos, deportivos, de participación estudiantil, movilidad, prácticas externas, becas y ayudas o actividades solidarias y promueve la creación de servicios de atención a la comunidad universitaria con discapacidad (artículo 65.6). Asimismo, su artículo 7 recoge el derecho del alumnado universitario a la información y orientación vocacional, académica y profesional, así como al asesoramiento por las universidades sobre las actividades de las mismas que les afecten (1.f); en el artículo 22 se incide en que los programas y las actividades de tutoría deberán adaptarse a las necesidades de los estudiantes con discapacidad, procediendo los departamentos o centros, bajo la coordinación y supervisión de la unidad competente en cada universidad, a las adaptaciones metodológicas precisas y, en su caso, al establecimiento de tutorías específicas en función de sus necesidades (1); y se promoverá el establecimiento de programas de tutoría permanente para que el estudiante con discapacidad pueda disponer de un profesor tutor a lo largo de sus estudios (2).

3. La formación del profesorado universitario en discapacidad

El recorrido legislativo presentado en el punto anterior es sin duda favorable a la inclusión del alumnado con discapacidad en la universidad, aunque las limitaciones para hacer esto real son muchas y su desarrollo no resulte sencillo, pues depende de múltiples factores (Rodríguez-Martín y Álvarez-Arregui, 2015).

De hecho, son numerosos los estudios que ponen en evidencia las barreras y dificultades que han de enfrentar los/as estudiantes universitarios/as con discapacidad, relacionadas con la accesibilidad arquitectónica y de los entornos virtuales, de carácter administrativo y burocráticas y las localizadas en el aula o las referidas a la participación (Cotan, 2019; Sandoval et al., 2019).

Algunos trabajos señalan que uno de los principales obstáculos a la inclusión es el profesorado, visión compartida tanto por el alumnado como por los/as propios/as docentes. Las investigaciones que reflejan la opinión de los/as estudiantes al respecto (Collins et al., 2018; Cortés y Moriña, 2014; García-Cano et al., 2017; Milic y Dowling, 2015; Moriña y Carballo, 2018) subrayan que el profesorado universitario, además de ser sensible a esta realidad, necesita mayor información y formación. Por su parte, los/as profesores/as reconocen que la formación que poseen para atender al alumnado con discapacidad es poca o prácticamente inexistente, lo que dificulta su actividad diaria en las aulas (Comes et al., 2011; Lombardi et al., 2015; Love et al., 2015; Mayo et al., 2020; Moriña y Carballo, 2018; Naranjo, 2017; Porto y Mosteiro, 2019; Porto et al., 2020; Sandoval et al., 2019; Vilhena et al., 2018), si bien se muestran sensibilizados/as ante la situación del alumnado con discapacidad (Porto y Mosteiro, 2019).

En general, estos trabajos plantean la necesidad de analizar cómo es la formación del profesorado universitario y en qué medida garantiza una enseñanza equitativa y de calidad en cumplimiento del cuarto objetivo de la Agenda 2030 para el Desarrollo Sostenible de las Naciones Unidas de "Garantizar una educación inclusiva, equitativa y de calidad y promover oportunidades de aprendizaje durante toda la vida para todos y todas" (ONU, 2015).

Cabe señalar, en este sentido, que la formación del profesorado universitario es un derecho y un deber reconocido en las distintas leyes que han regulado y regulan hoy la enseñanza universitaria: la *Ley Orgánica 11/1983, de 25 de agosto, de Reforma Universitaria,* la *Ley Orgánica 6/2001, de 21 de diciembre, de Universidades* y la actual *Ley Orgánica 4/2007, de 12 de abril, por la que se modifica la Ley Orgánica 6/2001, de 21 de diciembre, de Universidades.* Esta normativa hace especial hincapié en la autonomía de las universidades en la selección, formación y promoción del personal docente e investigador, así como la determinación de las condiciones en que ha de desarrollar sus actividades (artículo 3.e de la LRU), en la evaluación de la formación como criterio de eficiencia del desarrollo de la actividad profesional y como elemento clave para garantizar una educación de calidad (artículo 33 de la LOU) y en la retribución por participar en este tipo de actividades (artículo 69.2 LOMLOU).

Además, los cambios derivados del proceso de adaptación al Espacio Europeo de Educación Superior (EEES) señalan que la calidad de la docencia se ha de garantizar a través de la realización de programas dirigidos a la renovación metodológica de la enseñanza del profesorado universitario para el cumplimiento de sus objetivos de calidad (artículo 89.5 de la Ley Orgánica de Universidades 6/2001).

Considerando estos cambios y exigencias legales, la política universitaria ha dado prioridad a la formación y ha creado, para su desarrollo, unidades o servicios específicos responsables de la puesta en marcha de acciones formativas encaminadas a mejorar las competencias del profesorado universitario en un contexto cada vez más exigente.

Las acciones formativas que desenvuelven actualmente estas unidades o servicios en las universidades españolas abarcan temáticas muy diversas; se intentan ajustar, como se ha indicado previamente, a las necesidades del profesorado y tienen un carácter voluntario, lo que provoca, en gran medida, que no todos/as los/as docentes se beneficien de la formación ofertada.

Ahora bien, cabe que nos planteemos si la formación ofertada en las universidades dota al profesorado, tal y como señala Paz-Maldonado (2020, p. 420) de "… competencias que les permitan establecer, desarrollar y reformular estrategias en las diferentes asignaturas para atender de esta forma a la diversidad" y, de modo particular, al alumnado con discapacidad.

En este sentido, son escasas las investigaciones que se han centrado en el análisis de la oferta formativa de las universidades en el área de la discapacidad, y en qué y cómo ha de ser desarrollada. Aun así, gran parte de ellas coinciden en subrayar que la oferta de formación y la demanda por parte del profesorado relacionada con la atención a la diversidad en general, y la discapacidad en particular, es muy escasa (Carballo, 2016).

Sirvan de ejemplo los hallazgos de Montes y Suárez (2016) quienes constatan que los idiomas y las TIC son las temáticas que más se atienden en la formación docente universitaria, mientras la educación en valores, la igualdad, la ética y, sobre todo, la inclusión, son las menos ofertadas. En la misma línea se sitúan los resultados obtenidos por Carballo (2016) y los de Hernández et al. (2019) al analizar la oferta formativa de 55 universidades y corroborar que la formación relacionada con la discapacidad y la inclusión es muy escasa y está más presente en las universidades públicas que en las privadas. Del mismo modo, el V Informe sobre universidad y discapacidad (Fundación Universia, 2021) revela que tan solo un 14 % de profesorado universitario español recibe formación y orientación sobre atención al alumnado con discapacidad.

Resultados similares a los que se acaban de citar son también visibles en otros contextos; por ejemplo, el trabajo realizado en universidades brasileñas por Bazón et al. (2018) pone de manifiesto que la mayoría del profesorado no está formado en el área de la educación inclusiva y tampoco recibe formación específica para trabajar con estudiantes con discapacidad o con necesidades específicas de apoyo educativo.

Así pues, hoy por hoy, parece que la oferta formativa de las universidades no atiende las necesidades del profesorado para afrontar los retos que supone la inclusión educativa y una respuesta de calidad al alumnado con discapacidad.

4. La respuesta a las necesidades de formación del profesorado universitario para atender al alumnado con discapacidad

Como se ha señalado en apartados anteriores, uno de los elementos clave en el proceso de inclusión del alumnado con discapacidad en el ámbito universitario es el profesorado, agente esencial para ofrecer una educación igualitaria y de calidad. En este contexto, el profesorado universitario debe ser polivalente y flexible para "definir y ajustar realmente la respuesta educativa singular que requieren los estudiantes con discapacidad" (Rodríguez-Martin y Álvarez-Arregui, 2015, p. 99).

Es necesario además de un compromiso individual y profesional por parte de cada docente, una formación coherente con las necesidades del alumnado; una formación que ha de ir dirigida a la adquisición de competencias relacionadas con la planificación del proceso educativo, con metodologías alternativas, nuevas tecnologías, y adaptaciones curriculares. Pero, además, es fundamental que el profesorado tenga información sobre la normativa en materia de discapacidad y conozca los recursos y servicios existentes en su institución destinados a este alumnado (Moriña y Carballo, 2018).

Para poder avanzar en esta cuestión parece oportuno examinar qué se está haciendo en diferentes centros universitarios y también comprobar buenas prácticas en el diseño y desarrollo de la formación destinada al profesorado universitario sobre la temática que nos ocupa. Al respecto cabe citar, en primer lugar, algunas propuestas formativas realizadas en otros países como las de Hockings et al. (2012), Simpson (2002) y Debrand y Salzberg (2005). En ellas se aboga por el desarrollo de plataformas de enseñanza accesibles para permitir la participación de personas con discapacidad y de recursos diseñados específicamente para el alumnado con determinado tipo de discapacidad.

En el contexto nacional se puede señalar a Dotras et al. (2008), quienes han diseñado una formación para todo el profesorado, con sesiones tanto de carácter teórico como práctico, en las que se presta especial atención al marco legislativo, las adaptaciones curriculares y las metodologías de enseñanza y la evaluación. Por su parte Guasch (2010) presenta una guía de actividades docentes para la formación en integración e igualdad de oportunidades por razón de discapacidad en las enseñanzas técnicas, mientras Carballo (2018) desarrolla y evalúa un programa de formación de modalidad *B-Learning*, para profesorado de la Universidad de Sevilla, en el que se trabajan contenidos como el concepto de discapacidad, la situación del alumnado con discapacidad en la enseñanza superior y la normativa universitaria en esta materia, los tipos de discapacidad y las necesidades y respuestas que desde el profesorado se pueden ofrecer para atender esas necesidades, y el diseño universal para todos.

También se pueden mencionar los trabajos en los que se realizan propuestas formativas centradas en la enseñanza de los principios del Diseño Universal para la Instrucción DUI, (Dalmau et al., 2015) que adecúa los procesos de enseñanza a las características individuales del alumnado, entre los que destacan los realizados por Díez y Sánchez, 2015, Guasch y Hernández, 2012; Griful-Freixenet et al., 2017; Melero et al., 2019; Ramaahlo et al., 2018; Ruíz et al., 2012; Sánchez et al., 2011), por sus experiencias teórico-prácticas de aplicación del DUI a las diferentes asignaturas, por los materiales desarrollados en diversos formatos, y por las guías diseñadas para implementar en la enseñanza superior.

5. Conclusiones

De lo hasta aquí expuesto se deriva la necesidad de considerar las experiencias formativas como un referente que ha de estar dirigido a la implementación de programas de formación específicos del profesorado universitario sobre discapacidad, para dar respuesta a las exigencias legales contempladas en la normativa vigente. Esta formación no ha de descansar exclusivamente en la voluntad del profesorado, sino que debería ser una exigencia formal si lo que realmente se pretende es ofrecer una adecuada respuesta a las necesidades del alumnado. Del mismo modo, se considera finalmente que las respuestas a las necesidades de formación del profesorado universitario para atender al alumnado con discapacidad deberían centrarse principalmente en el diseño y desarrollo de programas de formación que abarquen desde la planificación de la asignatura hasta su impartición, a través del uso de un lenguaje universal para todos, pasando por la adaptación y creación de materiales y entornos virtuales accesibles y la enseñanza de estrategias que permitan la adaptación de los objetivos, contenidos, actividades, metodología y evaluación de las materias a las necesidades específicas del alumnado. También sería de gran valor la creación de un banco de recursos educativos que permita compartir experiencias y buenas prácticas entre los y las docentes de distintos centros y universidades.

Referencias

Bazón, F. V., Furlán, E. G., De Faria, P. C., Lozano, D., y Gomes, C. (2018). Training of university professors and their meaning for inclusive education. *Educação e Pesquisa, 44.* https://doi.org/10.1590/S1678-4634201844176672

Carballo, R. (2016). *La formación del profesorado universitario: una perspectiva a través de la oferta formativa y los responsables de la formación.* Editorial Académica Española.

Carballo, R. (2018). *Una escalera hacia la inclusión educativa en la universidad: Desarrollo y evaluación de un programa de formación para el profesorado* [Tesis Doctoral, Universidad de Sevilla]. https://hdl.handle.net/11441/77585

Collins, A., Azmat, F., & Rentschler, R. (2018). 'Bringing everyone on the same journey': revisiting inclusion in higher education. *Studies in Higher Education, 44* (8), 1475–1487. https://doi.org/10.1080/03075079.2018.1450852

Comes, G., Parera, B., Vedriel, G., y Vives, M. (2011). La inclusión del alumnado con discapacidad en la Universidad: La opinión del profesorado. *Innovación Educativa, 21,* 173–183.

Cortés, M.D., y Moriña, A. (2014). Luces y sombras en la Enseñanza Superior desde la perspectiva del alumnado con discapacidad en el área de Ciencias de la Salud. *Revista de Investigación en Educación, 12*(2), 164- 175. http://webs.uvigo.es/reined/

Cotán, A. (2019). Investigación narrativa para contar historias: líneas de vida de estudiantes universitarios con discapacidad. *Revista de la Educación Superior, 48* (192), 23–47. http://dx.doi.org/10.36857/resu.2019.192.927

CRUE (2014). *Formación curricular en diseño para todas las personas.* CRUE.

Dalmau, M., Guasch, D., Sala, I., Llinares, M., Dotras, P., Álvares, M.H., y Giné, C. (2015). *Diseño Universal para la Instrucción (DUI)*. *Indicadores para su implementación en el ámbito universitario*. Universitat Ramon Llull/ Cátedra d'Accesibilitat de la Universitat Politècnica de Cataluny

Debrand, C. C., & Salzberg, C. L. (2005). A Validated Curriculum to Provide Training to Faculty regarding Students with Disabilities in Higher Education. *Journal of Postsecondary Education and Disability, 18*(1), 49–61. https://eric.ed.gov/?id=EJ846380

Díez, E., y Sánchez, S. (2015). Diseño universal para el aprendizaje como metodología docente para atender a la diversidad en la universidad. *Aula Abierta, 43*(2), 87–93. https://doi.org/10.1016/j.aula.2014.12.002

Dotras, P., Llinares, M., y López, P. (2008, abril). *Propuesta de formación al profesorado en el contexto de la Universidad Pública* [Presentación Comunicación]. V Congreso Internacional de Psicología y Educación: los retos del futuro, España, Oviedo.

Egea, C., y Sarabia, A. (2004). Visión y modelos conceptuales de la discapacidad. *Polibea,* (73), 29–42.

Fundación Universia (2021). *Universidad y Discapacidad. V Estudio sobre el grado de inclusión del sistema universitario español respecto de la realidad de las personas con discapacidad*. https://www.fundacionuniversia.net/content/dam/fundacionuniversia/pdf/estudios/V_Estudio_Universidad_y_Discapacidad_2019_20.pdf

García-Cano, M., Castillejo, A., Jiménez, N., y Martínez, I, Chiara, M., y Alós, F. (2017). Universidad y discapacidad. Diagnóstico sobre la inclusión de estudiantes con discapacidad en la Universidad de Córdoba. *Docencia y Derecho, Revista para la docencia jurídica universitaria, 11. http://www.uco.es/docencia_derecho/index.php/reduca/article/viewFile/120/pdf_10*

Griful-Freixenet, J., Struyven, K., Verstichele, M., & Andries, C. (2017). Higher education students with disabilities speaking out: perceived barriers and opportunities of the Universal Design for Learning framework. *Disability & Society, 32*(10), 1627–1649. https://doi.org/10.1080/09687599.2017.1365695

Guasch, D., [et al.] (2010). *Guía de actividades docentes para la formación en integración e igualdad de oportunidades por razón de discapacidad en las enseñanzas técnicas: accesibilidad universal y diseño para todos*. Cátedra de Accesibilidad de la UPC. https://upcommons.upc.edu/bitstream/handle/2117/10245/Guia%20Actividades%20IO.pdf?sequence=1&isAllowed=y

Guasch, D., y Hernández, J. (Coords.) (2012). *Guía para implementar el Universal Instructional Design-UID (Diseño Instruccional universal) en la universidad*. Observatorio Universidad y Discapacidad. http://hdl.handle.net/11181/3821

Hernández, C.M., Fernández, G., Álvarez, J.L., y Hernández, M.ª. (2019). La formación del PDI en Atención a la Diversidad e Inclusión en las Universidades Españolas. Exploración y Relación entre Variables. En J. Murillo y C. Martínez-Garrido (Coord.), *Investigación comprometida para la transformación social: actas del XIX Congreso Internacional de Investigación Educativa* (pp. 397–403). AIDIPE

Hockings, C., Brett, P., & Terentjevs, M. (2012). Making a difference inclusive learning and teaching in higher education through open educational resources. *Distance Education, 33*(2), 237–252. https://doi.org/10.1080/01587 919.2012.692066

Ley 13/1982, de 7 de abril, de Integración Social de los Minusválidos. *Boletín Oficial del Estado,* 30 de abril de 1982, núm. 103, pp. 11106–11112. https:// www.boe.es/eli/es/l/1982/04/07/13

Ley 51/2003, de 2 de diciembre, de igualdad de oportunidades, no discriminación y accesibilidad universal de las personas con discapacidad. *Boletín Oficial del Estado,* 3 de diciembre de 2003, núm. 289, pp. 43187–43195. https://www. boe.es/eli/es/l/2003/12/02/51/con

Ley Orgánica 11/1983, de 25 de agosto, de Reforma Universitaria. *Boletín Oficial del Estado,* 1 de septiembre de 1983, núm. 209, pp. 24034–24042. https:// www.boe.es/eli/es/lo/1983/08/25/11/dof/spa/pdf

Ley Orgánica 4/2007, de 12 de abril, por la que se modifica la Ley Orgánica 6/ 2001, de 21 de diciembre, de Universidades. Boletín Oficial del Estado, 13 de abril de 2007, núm. 89, pp. 16241–16260. https://www.boe.es/eli/es/lo/2007/ 04/12/4

Ley Orgánica 6/2001, de 21 de diciembre, de Universidades. *Boletín Oficial del Estado,* 21 de diciembre de 2001, núm. 307, pp. 49400–49425. https://www. boe.es/buscar/pdf/2001/BOE-A-2001-24515-consolidado.pdf

Lombardi, A., Vukovic, B., & Sala-Bars, I. (2015). International Comparisons of Inclusive Instruction among College Faculty in Spain, Canada, and the United States. *Journal of Postsecondary Education and Disability, 28*(4), 447- 460. https://files.eric.ed.gov/fulltext/EJ1093535.pdf

Love, T. S., Kreiser, N., Camargo, E., Grubbs, M. E., Kim, E. J., Burge, P. L., & Culver, S. M. (2015). STEM Faculty Experiences with Students with Disabilities at a Land Grant Institution. *Journal of Education and Training Studies, 3*(1), 27–38. http://dx.doi.org/10.11114/jets.v3i1.573

Mayo, M.ª E., Fernández, J.C., y Roget, F. (2020). La atención a la diversidad en el aula: dificultades y necesidades del profesorado de educación secundaria y universidad. *Contextos Educativos, Revista de Educación, 25,* 257–274 https:// doi.org/10.18172/con.3734

Melero, N., Moriña, A., y Perera, V. H. (2019). Acciones del profesorado para una práctica inclusiva en la universidad. *Revista Brasileira de Educaçao, 24.* http:// dx.doi.org/10.1590/s1413-24782019240016

Milic, M., & Dowling, M. (2015). Social support, the presence of barriers and ideas for the future from students with disabilities in the higher education system in Croatia. *Disability & Society, 30*(4), 614–629. https://doi.org/10.1080/ 09687599.2015.1037949

Montes, D. A., y Suárez, C. I. (2016). La formación docente universitaria: claves formativas de universidades españolas *Revista Electrónica de Investigación Educativa, 18*(3), 51–64. http://redie.uabc.mx/redie/article/view/996

Moriña, A., y Carballo, R. (2018). Profesorado universitario y educación inclusiva: respondiendo a sus necesidades de formación. *Psicología Escolar e Educacional,* 87–95. http://dx.doi.org/10.1590/2175-3539/2018/053

Naranjo, B. (2017). Elementos básicos para la inclusión educativa de estudiantes con discapacidad. *Redipe, 6* (9), 132–141. https://revista.redipe.org/index. php/1/article/view/355

OMS (2011). *Informe mundial sobre la discapacidad.* OMS.

ONU (2015). *Agenda 2030 para el Desarrollo Sostenible de las Naciones Unidas.* ONU

Paz-Maldonado, E.J. (2020). Revisión sistemática: inclusión educativa de estudiantes universitarios en situación de discapacidad en América Latina. *Estudios pedagógicos, 46* (1), 413–429. http://dx.doi.org/10.4067/S0718-070520 20000100413

Porto, A. M., Mosteiro, M.ª J., y Gerpe, E. (2020). Discapacidad e inclusión en la Universidad. La mirada del profesorado. En A. Palomares (Coord.), *Discapacidad e inclusión en la Universidad. La mirada del profesorado* (pp. 185–200). Síntesis.

Porto, A.M., y Mosteiro, M.ª J. (2019). *Estudio sobre o grado de inclusión na Universidade de Santiago de Compostela do alumnado con discapacidade. A perspectiva da comunidade universitaria.* Servicio de Publicaciones e Intercambio Científico de la Universidad de Santiago de Compostela.

Ramaahlo, M., Tönsing, K.M., & Bornman, J. (2018). Inclusive education policy provision in South African research universities. *Disability & Society, 33*(3), 349–373. https://doi.org/10.1080/09687599.2018.1423954

Real Decreto 1393/2007, de 29 de octubre, por el que se establece la ordenación de las enseñanzas universitarias oficiales. *Boletín Oficial del Estado,* 30 de octubre de 2007, núm. 260, pp. 44037–44048. https://www.boe.es/buscar/act. php?id=BOE-A-2007-18770

Real Decreto 1791/2010, de 30 de diciembre, por el que se aprueba el Estatuto del Estudiante Universitario. *Boletín Oficial del Estado*, 31 de diciembre de 2010, núm. 318, pp. 109353–109380. https://www.boe.es/eli/es/rd/2010/12/30/1791/dof/spa/pdf

Real Decreto 412/2014, de 6 de junio, por el que se establece la normativa básica de los procedimientos de admisión a las enseñanzas universitarias oficiales de grado. Boletín Oficial del Estado, 7 de junio de 2014, núm. 138, pp. 43307–43323. https://www.boe.es/eli/es/rd/2014/06/06/412/dof/spa/pdf

Rodríguez- Martín, A., y Álvarez-Arregui, E. (2015). Estudiantes con discapacidad en la Universidad. Un estudio sobre su inclusión. *Revista Complutense de Educación, 25* (2), 457–479. http://dx.doi.org/10.5209/rev_RCED.2014.v25.n2.41683

Ruíz Bel, R., Solé, L., Echeita, G., Sala, I., y Datsira, M. (2012). El principio del "Universal Design": concepto y desarrollos en la enseñanza superior. *Revista de Educación, 359*, 413–430. http://dx.doi-org/10.4438/1988-592X-RE-2011-359-100

Sánchez, S., Díez, E., Verdugo, M.A., Iglesias, A., y Calvo, I. (2011). Atención a la diversidad en las titulaciones adaptadas al RD 1393/2007: Adaptación de una herramienta Web de autoevaluación curricular basada en los principios del diseño universal para el aprendizaje. En J. L. Heras, M. Peinado, D. Pereira y J. Rodríguez (Coord.), *Primeras Jornadas de Innovación Docente en la Universidad de Salamanca* (pp. 148–155). Universidad de Salamanca.

Sandoval, M., Simón, C., y Márquez, C. (2019). ¿Aulas inclusivas o excluyentes?: barreras para el aprendizaje y la participación en contextos universitarios. *Revista Complutense de Educación, 30* (1), 261–276. https://doi.org/10.5209/RCED.57266

Simpson, A. (2002). The Teachability Project: Creating an Accessible Curriculum for Students with Disabilities. *Planet, 6* (1), 13–15. https://doi.org/10.11120/plan.2002.00060013

UNESCO (2005). *Guidelines for Inclusion: Ensuring Access to Education for All.* UNESCO. http://www.ibe.unesco.org/sites/default/files/Guidelines_for_Inclusion_UNESCO_2006.pdf

Verdugo, M.A., Crespo, M., y Campo, M. (2013). Clasificación de la discapacidad. En M.A. Verdugo y R.L. Schalock, *Discapacidad e inclusión: manual de docencia* (pp. 43–60). Amarú.

Vilhena, F., Gomes, E., Cezar, P. Lozano, D., y Gomes, C. (2018). Formação de formadores e suas significações para a educação inclusiva. *Educaçao e Pesquisa: Revista da Faculdade de Educação da Universidade de São Paulo, 44* (1), 1678–4634 http://dx.doi.org/10.1590/S1678-4634201844176672

Felicidad Barreiro Fernández / Elisa Teresa Zamora Rodríguez

El profesorado ante la atención a la diversidad: el reto de la formación

Resumen: La atención a la diversidad está presente hoy en todos los centros educativos y aulas y representa en todas sus manifestaciones un desafío para los sistemas educativos y uno de sus mayores retos (Escarbajal et al., 2012). Además, la comunidad educativa está de acuerdo en que es necesario atender a la diversidad, dado que es uno de los elementos centrales de la labor educativa y contribuye y revierte en el desarrollo de la sociedad (Araque y Barrio de la Puente, 2010). Por ello es prioritario "entender y promover políticas de inclusión que permitan alcanzar los aprendizajes básicos de la educación obligatoria a todo el alumnado" (Martínez Domínguez, 2011, p. 165) que necesariamente requieren como elemento imprescindible la formación del profesorado, para que pueda dar respuesta a las características y necesidades de cada uno de los alumnos y las alumnas. De ahí que la atención a la diversidad deba ser una actividad habitual, cotidiana y de normalización en los centros educativos, siendo el recurso más efectivo que tienen los y las docentes para desenvolver el respeto, la empatía y la tolerancia entre toda la comunidad educativa (Consello Escolar de Galicia, 2020).

Palabras clave: atención a la diversidad, formación, profesorado, enseñanza obligatoria

1. Introducción

La atención a la diversidad busca dar una respuesta educativa adaptada a las necesidades de cada estudiante. Según Araque y Barrio de la Puente (2010, p. 11),

> consiste en aplicar un modelo de educación capaz de ofrecer a cada alumno la ayuda pedagógica que él necesite, ajustando la intervención educativa a la individualidad del alumnado: esta aspiración no es otra que adaptar la enseñanza a las diferentes capacidades, intereses y motivaciones del alumnado.

Por tanto, el objetivo de la atención a la diversidad es individualizar el proceso de enseñanza-aprendizaje, a través de la adaptación de la enseñanza, la modificación de los objetivos, contenidos, metodologías, recursos, criterios de evaluación …, solo así se puede trabajar con equidad, compensando las desventajas del alumnado (García Sánchez y Garrote Salazar, 2021) y fomentar una educación inclusiva.

Esta educación inclusiva está presente en muchos estudios e investigaciones sobre el ámbito educativo, aunque como indican Valencia et al. (2020), citando a

DePau y Karp (1994), su relevancia se hace más notable, si cabe, en los estudios de formación del profesorado pues, no en vano, serán los y las futuros/as docentes quienes deberán desarrollar estrategias de inclusión educativa en sus aulas de Infantil, Primaria o Secundaria (p. 597).

La educación inclusiva se relaciona con el derecho a la educación recogido en la Convención sobre los derechos de niño (UNICEF, 2006), por lo que la inclusión puede entenderse de la siguiente manera:

> ... un proceso que permite tener debidamente en cuenta la diversidad de las necesidades de todos los niños, jóvenes y adultos a través de una mayor participación en el aprendizaje, las actividades culturales y comunitarias, así como reducir la exclusión de la esfera de la enseñanza y dentro de ésta, y en último término acabar con ella. Entraña cambios y modificaciones de contenidos, enfoques, estructuras y estrategias basados en una visión común que abarca a todos los niños en edad escolar y la convicción de que corresponde al sistema educativo ordinario educar a todos los niños y niñas (UNESCO, 2009, p. 9)

Así pues, como indica Calvo de Mora (2006) (citado en Araque y Barrio de la Puente, 2010), la educación inclusiva implica el derecho del alumnado a adquirir un aprendizaje comprensivo, profundo y cercano a su realidad, así como una educación en consonancia con sus necesidades y potenciales de aprendizaje.

2. Normativa sobre atención a la diversidad y educación inclusiva en la enseñanza obligatoria

A lo largo de estos años se han ido desarrollando diferentes acciones a nivel internacional y nacional que han marcado las políticas educativas en materia de inclusión y atención a la diversidad. Alguna de ellas, como la Declaración de Salamanca y Marco de Acción para las necesidades educativas especiales, habla de educación inclusiva de calidad para la diversidad de estudiantes y particularmente para las personas con discapacidad (UNESCO 1994); la Convención sobre los Derechos de las Personas con Discapacidad de Naciones Unidas indica que el propósito de la misma es "promover, proteger y asegurar el goce pleno y en condiciones de igualdad de todos los derechos humanos y libertades fundamentales de todas las personas con discapacidad, y promover el respeto de su dignidad inherente" (Naciones Unidas, 2006, art. 1) remarcando "el derecho de las personas con discapacidad a la educación" (Naciones Unidas, 2006, art. 24). También se ha introducido como Objetivo de Desarrollo Sostenible 4 de la Agenda 2030, aprobado por Naciones Unidas (2015) el "garantizar una educación de calidad inclusiva y equitativa, y promover las oportunidades de aprendizaje permanente para todos" (p. 20).

A nivel nacional cabe destacar que se han ido aprobando diferentes textos normativos con el ánimo de regular la inclusión educativa entre los que destacan la Ley Orgánica 1/1990, de 3 de octubre, de Ordenación General del Sistema Educativo; la Ley Orgánica 10/2002, de 23 de diciembre, de Calidad de la Educación; Ley Orgánica 2/2006, de 3 de mayo, de Educación; Ley Orgánica 8/2013, de 9 de diciembre, para la mejora de la calidad educativa y, la actualmente en vigor, Ley Orgánica 3/2020, de 29 de diciembre, por la que se modifica la Ley Orgánica 2/2006, de 3 de mayo, de Educación donde se indica que el sistema educativo debe garantizar

la igualdad de oportunidades para el pleno desarrollo de la personalidad a través de la educación, la inclusión educativa, la igualdad de derechos y oportunidades, también entre mujeres y hombres, que ayuden a superar cualquier discriminación y la accesibilidad universal a la educación, y que actúe como elemento compensador de las desigualdades personales, culturales, económicas y sociales, con especial atención a las que se deriven de cualquier tipo de discapacidad, de acuerdo con lo establecido en la Convención sobre los Derechos de las Personas con Discapacidad, ratificada en 2008, por España (p. 122880).

Así mismo, también indica que la etapa de educación obligatoria debe asegurar una educación común para todo el alumnado, y que se adoptará la educación inclusiva como principio fundamental, con el fin de atender a la diversidad de las necesidades de todo el alumnado, tanto del que tiene especiales dificultades de aprendizaje como del que tiene mayor capacidad y motivación para aprender. Cuando tal diversidad lo requiera, se adoptarán las medidas organizativas, metodológicas y curriculares pertinentes, según lo dispuesto en la presente ley, conforme a los principios del diseño universal de aprendizaje, garantizando en todo caso los derechos de la infancia y facilitando el acceso a los apoyos que el alumnado requiera (p. 122882).

En el contexto de la Comunidad Autónoma de Galicia cabe mencionar el Decreto 229/2011, de 7 de diciembre, por el que se regula la atención a la diversidad del alumnado en los centros docentes de la Comunidad Autónoma de Galicia en los que se imparten las enseñanzas establecidas en la Ley orgánica 2/2006, de 3 de mayo, de educación. En este decreto se define la atención a la diversidad como "el conjunto de medidas y acciones que tienen como finalidad adecuar la respuesta educativa a las diferentes características y necesidades, ritmos y estilos de aprendizaje, motivaciones, intereses y situaciones sociales y culturales de todo el alumnado" (art. 3. p. 37491). Señalando que esta "se regirá por los principios de normalización e inclusión; equidad, igualdad de oportunidades y no discriminación; flexibilidad y accesibilidad; interculturalidad y promoción de la convivencia; autonomía de los centros docentes y participación de toda la comunidad educativa" (art. 4. pp. 37491-37492).

Por lo tanto, se puede apreciar que la normativa legal permite una atención adecuada a la diversidad del alumnado dentro de los centros educativos y de esta forma los transforma en espacios inclusivos. Por eso "la atención a la diversidad podría considerarse como la forma de trabajar con equidad y de compensar inequidades y desventajas entre estudiantes" (García Sánchez y Garrote Salazar, 2021, p. 3) por parte del profesorado.

A nivel legislativo, la inclusión está presente y debería impregnar tanto las decisiones de política educativa como caracterizar la organización y la respuesta educativa de las escuelas de Educación Primaria y Secundaria para atender a las características de la diversidad de alumnado (Escarbajal et al, 2012, p. 137).

3. Importancia de la formación del profesorado en atención a la diversidad

La formación de los y las docentes resulta un elemento imprescindible para poder dar respuesta a la atención a la diversidad y conseguir llevar a cabo una educación inclusiva. El profesorado debe estar formado para ofrecer apoyos y oportunidades de aprendizaje a cualquier estudiante, pues todos y todas tienen el mismo derecho a una educación de calidad, en convivencia y adaptada a sus propias necesidad (Alonso y Araoz, 2011).

Si se quiere desarrollar lo estipulado a nivel normativo se requiere que el profesorado esté suficientemente formado, lo que evitaría que, en numerosas ocasiones, la atención a la diversidad y la inclusión se queden sobre el papel. Así pues, como apuntan Mayo et al. (2020), el Consello Escolar de Galicia (2020) y García Sánchez y Garrote Salazar (2021) la formación docente en atención a la diversidad es importante como herramienta para atender de forma adecuada a la diversidad de alumnado y desarrollar prácticas inclusivas.

Como se ha indicado, son muchas las investigaciones que se vienen realizando en los últimos años y los resultados de estos estudios ponen de manifiesto la necesidad de formación tanto inicial como permanente por parte del profesorado (Moriña, 2008; Lledó y Arnáiz, 2010; Escarbajal et al., 2012; Consello Escolar de Galicia, 2020). A este respecto cabe indicar, que la formación inicial es la que le asegura al profesorado las competencias precisas para la docencia, "ya que toda sociedad necesita buenos docentes que cumplan los estándares profesionales de calidad" (Marcelo, 2010, citado en Muñoz-Fernández et al., 2019, p. 75). Por su parte, la formación permanente es la que realiza el personal docente a lo largo de su carrera profesional y contribuye a ampliar, desarrollar y actualizar sus conocimientos, destrezas y actitudes (Comisión Europea/EACEA/Eurydice (2018).

En el contexto de la Comunidad Autónoma de Galicia la formación inicial se desenvuelve a través de los estudios de grado y posgrado en las universidades de Santiago de Compostela, A Coruña y Vigo mientras que la formación permanente se realiza amparada por el Decreto 74/2011, de 14 de abril, por el que se regula la formación permanente del profesorado que imparte las enseñanzas establecidas en la Ley orgánica de educación (LOE), en centros educativos sostenidos con fondos públicos de la Comunidad Autónoma de Galicia, a través del Servicio de Formación del Profesorado, el Centro Autonómico de Formación e Innovación (CAFI) y los centros de formación y recursos (CFR). Cada uno de ellos tiene una responsabilidad. Así, el Servicio de Formación del Profesorado coordina las estructuras de formación permanente del profesorado y promueve, gestiona y registra las acciones formativas. A su vez el CAFI se encarga de analizar las necesidades de formación del profesorado y diseñar los planes anuales de formación y, por último, los CFR se encargan de ejecutar las acciones formativas.

El citado decreto concibe la formación permanente del profesorado como un amplio sistema de apoyo a los docentes, que parte de sus necesidades y que es acorde con la realidad social y educativa que envuelve su labor, además de ser coherente con los análisis y sugerencias de los organismos internacionales. Esta formación contempla la colaboración con instituciones académicas y otras de reconocido prestigio y valor en el ámbito educativo, además tiene presente la realidad sociocultural y lingüística gallega y considera los procesos evaluativos como uno de los ejes que garantizan la calidad y el avance continuo (p. 7921).

Hay que indicar que las actividades de formación del profesorado que se desenvuelven a través de la formación permanente se clasifican, según la Orden de 14 de mayo de 2013 por la que se regula la convocatoria, el reconocimiento, la certificación y el registro de las actividades de formación permanente del profesorado en Galicia, en "cinco modalidades básicas: cursos, seminarios, grupos de trabajo, proyectos de formación en centros y congresos" (art 8, p. 17702).

Por lo tanto, el modo en el que él o la docente se forma o debería formarse para ser un profesional reflexivo y crítico ante la diversidad (Domínguez Alonso y Vázquez Varela, 2015) es a través de los planes de formación del profesorado. En la primera etapa o de formación inicial el objetivo es adquirir profesionalidad, a través de la integración de las competencias vinculadas a la atención a la diversidad y, en la segunda etapa o de formación permanente, la finalidad es formarlos para que sean capaces de encontrar soluciones a situaciones que se presenten en la diversidad de sus aulas, es decir, mejorar su práctica educativa.

4. La formación docente en atención a la diversidad. Estado de la cuestión en Galicia

Los resultados comentados en este apartado han sido extraídos de un estudio[1] que pretende obtener una visión actualizada y completa de la situación real de la atención a la diversidad en la enseñanza obligatoria, presentando una radiografía de la situación actual desde el punto de vista de diversos sectores de la comunidad educativa, con la intención de establecer los elementos que pueden estar influyendo en el desarrollo de esta y ofrecer sugerencias tendentes a mejorar la atención a la diversidad del alumnado de enseñanza obligatoria de la Comunidad Autónoma de Galicia (Consello Escolar de Galicia, 2020).

Este estudio, del que seleccionamos los principales resultados aportados por el profesorado en torno al tema abordado en este capítulo, ha contado con la participación de 735 docentes (70.2 % mujeres) que impartían docencia en centros de enseñanza básica de la Comunidad Autónoma de Galicia sostenidos con fondos públicos (concretamente el 83.4 % de los y las docentes desarrollan su labor profesional en centros educativos públicos).

En lo que se refiere a la edad de los participantes es importante indicar que los grupos de edad predominantes son el que está comprendido entre los 42 a 51 años (36.5 %), seguido del grupo de 52 a 61 años (27.1 %) y el que abarca entre los 32 a 41 años (26.9 %). Además es preciso señalar que más de la mitad del personal docente participante, en concreto el 58.1 %, posee una licenciatura mientras que un 26.1 % tiene una diplomatura, un 9.8 % un grado universitario, el 2.9 % un doctorado y el resto no ha contestado a esta cuestión.

A continuación, presentamos los resultados obtenidos más relevantes en relación con el tema objeto de estudio en este trabajo. En primer lugar, se debe indicar que algo más de la mitad del profesorado participante (55.9 %) afirma tener formación en atención a la diversidad, frente al 42.9 % que indica que carece de ella y el 1,2 % que no sabe o no contesta a esta pregunta.

Respecto a si consideran suficiente la formación específica que poseen para atender a la diversidad del alumnado cabe señalar que un 44.2 % del personal docente considera que tiene poca formación sobre este particular, un 37.0 % cree que tiene bastante, un 10.7 % considera que carece por completo de ella y un 6.0 % considera que tiene mucha. El restante 2.0 % de participantes no sabe o no contesta.

---

1   Proyecto de investigación financiado por la Consellería de Cultura, Educación y Ordenación Universitaria de la Xunta de Galicia para la elaboración del informe sobre "A atención á diversidade no ensino básico".

El momento en que el profesorado ha recibido la formación que posee en atención a la diversidad es otro aspecto abordado. A este respecto se debe señalar que en la mayoría de los casos (69.3 %) el profesorado afirma haber recibido dicha formación a través de cursos de formación continua o formación permanente mientras que el restante 30.7 % la ha recibido en su formación inicial. Como se puede observar en la tabla 1, el 40.4 % del profesorado de enseñanza obligatoria ha recibido dicha formación permanente a través del Centro Autonómico de Formación e Innovación (CAFI) y 38.7 % del Centro de Formación y Recursos (CFR). El personal docente también se ha formado a través de otras instituciones como universidades, asociaciones, sindicatos e instituciones privadas.

Tab. 1: Organismo por el que recibe formación sobre atención a la diversidad

Organismo	Sí (%)	No (%)
CAFI	40.4	59.6
CFR	38.7	61.3
Universidades	9.5	90.5
Asociaciones	4.9	95.1
Sindicatos	4.1	95.9
Instituciones privadas	2.3	97.7

Por lo tanto, en la tabla 1, se aprecia que la administración educativa es uno de los principales medios en la oferta formativa del profesorado. Al respecto, hay que señalar que cuando se les pregunta si la formación sobre atención a la diversidad que promueve la administración educativa para el profesorado se ajusta a sus necesidades, más del 60.0 % indica que lo hace poco (47.6 %) o nada (16.9 %) mientras que el 27.8 % señala que se ajusta bastante o mucho (4.2 %) y el resto del profesorado no sabe o no contesta a esta cuestión.

También se preguntó acerca de si el centro educativo impulsa y potencia la participación del profesorado en actividades de formación e innovación en el ámbito de la atención a la diversidad. El 32.8 % de los y las participantes cree que el centro impulsa y potencia bastante la participación del profesorado en actividades de formación e innovación en este ámbito, seguidos del 26.8 % que afirma que lo hace mucho. El resto de profesorado considera que las potencia poco (25.7 %) o nada (11.6 %) y un 3.1 % no sabe o no contesta a esta pregunta.

También se debe destacar que, ante sus carencias formativas, casi el 70.0 % del profesorado afirma acudir al Departamento de Orientación para recibir asesoramiento sobre la atención a la diversidad bastante (el 42.7 %) o mucho (26.3 %).

El 19.7 % indica que acude pocas veces, un 7.9 % sostiene que no va nunca y el 3.4 % no sabe o no contesta a esta cuestión.

Finalmente, en la tabla 2 puede apreciarse su opinión acerca de si el asesoramiento de la Inspección Educativa y del Departamento de Orientación facilita la atención a la diversidad del alumnado en el centro.

Puede afirmarse que el personal docente considera que el asesoramiento al personal de los centros, realizado por el Departamento de Orientación, facilita la atención al alumnado puesto que el 58.8 % del profesorado está muy de acuerdo y el 26.0 % afirma estar bastante de acuerdo con esta afirmación. Sin embargo, las opiniones están divididas respecto al papel de la Inspección Educativa como facilitadora de la atención a la diversidad, pues para una parte de la muestra es fundamental (28.2 % del profesorado está bastante de acuerdo y solo un 18.8 % está muy de acuerdo con esta afirmación) y para la otra no (el 26.8 % se muestra poco de acuerdo y el 21.1 % nada de acuerdo con esta afirmación).

Tab. 2: Asesoramiento que facilita la atención a la diversidad del alumnado en los centros

Servicio	Nada de acuerdo	Poco de acuerdo	Bastante de acuerdo	Muy de acuerdo	Ns/Nc
Asesoramiento proporcionado por la Inspección Educativa	21.1 %	26.8 %	28.2 %	18.8 %	5.2 %
Asesoramiento proporcionado por el Departamento de Orientación	3.1 %	11.0 %	26.0 %	58.8 %	4.1 %

5. Conclusiones

La educación inclusiva parte de la idea de la diversidad del alumnado en todos sus aspectos y considera que el sistema educativo debe adaptarse a cada estudiante, ofreciéndole los apoyos necesarios y oportunidades de aprendizaje.

Para poder dar respuesta a la atención a la diversidad y conseguir llevar a cabo una educación inclusiva, como ya se ha indicado, resulta imprescindible la formación del profesorado, por lo tanto, la formación en atención a la diversidad se constituye en un elemento básico para garantizar el derecho a la educación de todo el alumnado.

Como indica Cardona (2006, citado en Domínguez Alonso y Vázquez Varela, 2015, p. 148), resulta indispensable "un profesorado bien formado, que entienda la atención a la diversidad como una condición imprescindible para ofrecer respuestas de calidad al conjunto de toda la población". Y para ello es necesario fomentar el desarrollo profesional docente a través de distintas estrategias de formación e innovación educativa, analizando sus puntos fuertes, pero también sus dificultades y lagunas, solo de ese modo será posible conseguir una educación inclusiva que dé respuesta a la diversidad. Por ello es importante seguir investigando en este ámbito, para poder valorar y analizar lo que realmente sucede en el contexto educativo.

A este respecto, tal y como se refleja en las investigaciones que se han realizado a lo largo de estos últimos años en el contexto español, cabe destacar, entre otras cuestiones, que "la mayor parte del profesorado no sabe realizar adaptaciones metodológicas de sus asignaturas para el alumnado con discapacidad y que esta falta de preparación repercute de forma negativa en su labor docente" (Mayo et al., 2020, p. 268); además, el profesorado señala que "la formación en atención a la diversidad durante y con posterioridad a la finalización de los estudios universitarios es un factor clave para fomentar una educación inclusiva en el aula de manera eficaz" (García Sánchez y Garrote Salazar, 2021, p. 13).

Respecto a la investigación realizada en Galicia descrita en este capítulo cabe destacar el hecho de que un poco más de la mitad de la muestra afirma que tiene formación sobre atención a la diversidad, pero casi la otra mitad carece de ella. Este resultado concuerda con el obtenido por Ferrandis et al., (2010) que concluyen que el profesorado está poco formado en atención a la diversidad, carece de conocimientos teóricos básicos y de estrategias de intervención adecuadas y con los obtenidos por González-Gil, et al. (2013) y por González-Gil et al. (2019). Sin embargo, el porcentaje de profesorado que afirma carecer de formación en atención a la diversidad en nuestro estudio duplica el obtenido en el realizado por Nogales (2012) en el que dos de cada diez docentes reconocían no haber recibido ningún tipo de formación en atención a la diversidad.

Centrándonos específicamente en la formación inicial sobre atención a la diversidad recibida por los docentes participantes en nuestra investigación es necesario destacar que esta ha sido exigua, coincidiendo con los resultados obtenidos por Pegalajar y Colmenero (2017) quienes encontraron descontento del profesorado hacia los conocimientos sobre educación inclusiva adquiridos durante su proceso de formación inicial. Así mismo, el profesorado del estudio desarrollado por Nogales (2012) considera que la formación inicial recibida no cubre las necesidades relacionadas con la atención a la diversidad en las escuelas inclusivas y también García Sánchez y Garrote Salazar (2021) encontraron que los docentes percibían la formación en atención a la diversidad como insuficiente a lo largo de su etapa universitaria.

A diferencia de los resultados obtenidos por Pegalajar y Colmenero (2017), en cuyo estudio seis de cada diez docentes encuestados manifestaron no haber participado en actividades de formación permanente vinculadas a la educación inclusiva, en nuestra investigación la formación sobre atención a la diversidad e inclusión se ha adquirido, principalmente, en los cursos de formación permanente.

Ante las carencias formativas admitidas no es de extrañar que los y las docentes, en general, acudan al Departamento de Orientación con frecuencia para recibir asesoramiento sobre atención a la diversidad. Respecto a esto hay que destacar que una gran mayoría considera que el asesoramiento al personal de los centros, realizado por el Departamento de Orientación, facilita la atención al alumnado. En esta línea, en la investigación realizada por Ferrandis et al. (2010) el profesorado también manifestaba que el departamento de orientación colabora con el profesorado en las medidas de atención a la diversidad y mayoritariamente consideraba que el departamento de orientación ayuda en la práctica diaria con los y las estudiantes.

A la luz de lo presentado en este capítulo se puede concluir afirmando que la inclusión educativa debe ser el principio general que oriente "todas las políticas y prácticas educativas" (UNESCO, 2009, p. 8) y, por su parte, la atención a la diversidad "un reto permanente para las instituciones educativas, fundamentalmente para la escuela y los docentes que ejercen su trabajo en los niveles de enseñanza obligatoria", (Aguado [2009] citado en Escarbajal et al. [2012, p. 137]).

Referencias

Alonso, M. J., y Araoz, I. (2011). *El impacto de la Convención Internacional sobre los Derechos de las Personas con Discapacidad en la legislación educativa española*. Ediciones Cinca. https://www.guiadisc.com/wp-content/uploads/2012/04/impacto-convencion-internacional-derechos-discapacidad-ley-espana.pdf

Araque, N., y Barrio de la Puente, J. L. (2010). Atención a la diversidad y desarrollo de procesos educativos inclusivos. *Prisma Social, 4*, 1–37. https://www.isdfundacion.org/publicaciones/revista/pdf/13_N4_PrismaSocial_natividad_joseluis.pdf

Comisión Europea/EACEA/Eurydice (2018). *La profesión docente en Europa: Acceso, progresión y apoyo. Informe de Eurydice*. Oficina de Publicaciones de la Unión Europea. https://sede.educacion.gob.es/publiventa/la-profesion-docente-en-europa-acceso-progresion-y-apoyo-informe-de-eurydice/profesores-europa/22571

Consello Escolar de Galicia (2020). *Informe sobre a atención á diversidade no ensino básico. Curso 2018–19*. Xunta de Galicia. http://www.edu.xunta.gal/portal/node/32424

Decreto 229/2011, de 7 de diciembre, por el que se regula la atención a la diversidad del alumnado de los centros docentes de la Comunidad Autónoma de Galicia en los que se imparten las enseñanzas establecidas en la Ley orgánica 2/2006, de 3 de mayo, de educación. *Diario Oficial de Galicia, 242*, de 21 diciembre de 2011. pp. 37487–37515. https://www.xunta.gal/dog/Publicados/2011/20111221/Anuncioc3F1-151211-9847_es.pdf

Decreto 74/2011, de 14 de abril, por el que se regula la formación permanente del profesorado que imparte las enseñanzas establecidas en la Ley orgánica de educación (LOE), en centros educativos sostenidos con fondos públicos de la Comunidad Autónoma de Galicia. *Diario Oficial de Galicia, 88*, de 6 de mayo de 2011. pp. 7921–7939. https://www.xunta.gal/dog/Publicados/2011/20110506/AnuncioC3C1-280411-534_es.pdf

Domínguez Alonso, J., y Vázquez Varela, E. (2015). Atención a la diversidad: análisis de la formación permanente del profesorado en Galicia. *Revista de Educación Inclusiva, 8*(2), 139–152. https://revistaeducacioninclusiva.es/index.php/REI/article/view/111/108

Escarbajal, A., Mirete, A. B., Maquilón, J. J., Izquierdo, T., López, J. I., Orcajada, N., y Sánchez, M. (2012). La atención a la diversidad: la educación inclusiva. *REIFOP, Revista electrónica universitaria de formación del profesorado, 15* (1), 135–144. https://revistas.um.es/reifop/article/view/207711/166451

Ferrandis Martínez, M.ª V., Grau Rubio, C., y Fortes del Valle, M.ª C. (2010). El profesorado y la atención a la diversidad en la ESO. *Revista educación inclusiva, 3* (2), 11–28. https://revistaeducacioninclusiva.es/index.php/REI/article/viewFile/202/196

García Sánchez, S., y Garrote Salazar, M. (2021). Atención a la diversidad en las aulas madrileñas. Opiniones de los docentes. *REIDOCREA, Revista electrónica de investigación y docencia creativa 10* (1), 1–19 https://digibug.ugr.es/bitstream/handle/10481/66304/10-1.pdf?sequence=1&isAllowed=y

González-Gil, F., Martín-Pastor, E., Flores, N., Jenaro, C., Poy, R., y Gómez-Vela, M. (2013). Inclusión y convivencia escolar: análisis de la formación del profesorado. *European Journal of Investigation in Health, 3*(2), 125–135. https://gredos.usal.es/bitstream/handle/10366/123429/30-124-1-PB.pdf?sequence=1&isAllowed=y

Gonzalez-Gil, F., Martín-Pastor, E., y Poy Castro, R. (2019). Educación inclusiva: barreras y facilitadores para su desarrollo. Análisis de la percepción del profesorado. *Profesorado. Revista de currículum y formación del profesorado, 23 (1)*, 1–21. https://recyt.fecyt.es/index.php/profesorado/article/view/71921

Ley Orgánica 1/1990, de 3 de octubre, de Ordenación General del Sistema Educativo. *Boletín Oficial del Estado, 238*, de 4 de octubre de 1990, pp. 28927–28942. https://www.boe.es/boe/dias/1990/10/04/pdfs/A28927-28942.pdf

Ley Orgánica 10/2002, de 23 de diciembre, de calidad de la Educación. *Boletín Oficial del Estado, 307,* de 24 de diciembre de 2002, pp. 45188–45220. https://www.boe.es/boe/dias/2002/12/24/pdfs/A45188-45220.pdf

Ley Orgánica 2/2006, de 3 de mayo, de Educación. *Boletín Oficial del Estado, 106,* de 4 de mayo de 2006, pp. 17158–17207. https://www.boe.es/buscar/pdf/2006/BOE-A-2006-7899-consolidado.pdf

Ley Orgánica 3/2020, de 29 de diciembre, por la que se modifica la Ley Orgánica 2/2006, de 3 de mayo, de Educación. *Boletín Oficial del Estado, 340,* de 30 de diciembre de 2020, pp. 122868–122953. https://www.boe.es/eli/es/lo/2020/12/29/3/dof/spa/pdf

Ley Orgánica 8/2013, de 9 de diciembre, para la Mejora de la Calidad Educativa. *Boletín Oficial del Estado, 295,* de 10 de diciembre de 2013, pp. 97858- 97921. https://www.boe.es/buscar/pdf/2013/BOE-A-2013-12886-consolidado.pdf

Lledó, A., y Arnáiz, P. (2010). Evaluación de las prácticas educativas del profesorado de los centros escolares: indicadores de mejora desde la educación inclusiva. *REICE. Revista Iberoamericana sobre Calidad, Eficacia y Cambio en Educación, 8* (5), 96–109. https://revistas.uam.es/reice/article/view/4729

Martínez Domínguez, B. (2011). Luces y sombras de las medidas de atención a la diversidad en el camino de la inclusión educativa. *Revista Interuniversitaria de Formación del Profesorado, 25*(1), 165–183. https://www.redalyc.org/pdf/274/27419147010.pdf

Mayo, M.E., Fernández de la Iglesia, J.C., y Roget, F. (2020). La atención a la diversidad en el aula dificultades y necesidades del profesorado de educación secundaria y universidad. *Contextos educativos: Revista de educación, 25,* 257–274. https://publicaciones.unirioja.es/ojs/index.php/contextos/article/view/3734/3647

Moriña, A. (2008). ¿Cómo hacer que un centro educativo sea inclusivo?: análisis del diseño, desarrollo y resultados de un programa formativo. *Revista de Investigación Educativa, 26*(2), 521–538. https://revistas.um.es/rie/article/view/94051

Muñoz-Fernández, G.A., Rodríguez-Gutiérrez, P., y Luque-Vílchez, M. (2019). La formación inicial del profesorado de educación secundaria en España: perfil y motivaciones del futuro docente. *Educación XXI, 22*(1), 71–92. http://revistas.uned.es/index.php/educacionXX1/article/view/20007

Naciones Unidas (2006). *Convención sobre los derechos de las personas con discapacidad.* https://www.un.org/esa/socdev/enable/rights/convtexts.htm#-convtext

Naciones Unidas (2015). *Proyecto de documento final de la cumbre de las Naciones Unidas para la aprobación de la agenda para el desarrollo después de 2015.*

https://www.cooperacionespanola.es/sites/default/files/agenda_2030_desarrollo_sostenible_cooperacion_espanola_12_ago_2015_es.pdf

Nogales, M. (2012). La atención a la diversidad en la Educación Primaria: actitud y formación de los maestros (Trabajo de Fin de Máster), Universidad Complutense de Madrid. https://eprints.ucm.es/id/eprint/20206/

Orden de 14 de mayo de 2013 por la que se regula la convocatoria, el reconocimiento, la certificación y el registro de las actividades de formación permanente del profesorado en Galicia. *Diario Oficial de Galicia, 96*, de 22 de mayo de 2013. pp. 17697–17732. https://www.xunta.gal/dog/Publicados/2013/20130522/AnuncioG0164-160513-0001_es.html

Pegalajar, M. del C. y Colmenero, M. de J. (2017). Actitudes y formación docente hacia la inclusión en Educación Secundaria Obligatoria. *Revista Electrónica de Investigación Educativa, 19(1)*, 84–97. https://www.researchgate.net/publication/316314824_Actitudes_y_formacion_docente_hacia_la_inclusion_en_Educacion_Secundaria_Obligatoria

UNESCO (1994). *Declaración de Salamanca. Marco de acción para las necesidades educativas especiales.* https://www.uniovi.es/ONEO/wp-content/uploads/2017/09/Declaraci%C3%B3n-Salamanca.pdf

UNESCO (2009). *Directrices sobre políticas de inclusión en la educación.* https://unesdoc.unesco.org/ark:/48223/pf0000177849_spa

UNICEF (2006). *Convención sobre los derechos del niño.* UNICEF. https://www.un.org/es/events/childrenday/pdf/derechos.pdf

Valencia, A., Mínguez, P., y Martos, D. (2020). La formación inicial del profesorado de Educación Física: una mirada desde la atención a la diversidad. *Retos, 37*, 597–604. https://doi.org/10.47197/retos.v37i37.74180

Beatriz García Antelo / Cristina Abeal Pereira

La acción tutorial en la atención a la diversidad

Resumen: La atención a la diversidad parte de la necesidad de garantizar la igualdad de oportunidades, la inclusión educativa y la no discriminación. Para su logro, desde los centros educativos se ponen en marcha un conjunto de medidas y acciones que tienen como finalidad adecuar la respuesta educativa a las diferentes necesidades del alumnado. Entre ellas ocupa un cometido esencial la acción tutorial, entendida como un proceso formativo de ayuda cuyo objetivo es lograr el desarrollo integral del alumnado y en la que centraremos el análisis del presente capítulo, profundizando en la labor que desempeña en el avance hacia una educación inclusiva. Se recogerán igualmente algunos de los resultados de un estudio que formula entre sus objetivos conocer las percepciones del profesorado-tutor sobre la atención a la diversidad del alumnado en la Comunidad Autónoma de Galicia[2].

Palabras clave: acción tutorial, atención a la diversidad, profesor tutor, secundaria obligatoria

1. Introducción

Una educación que ponga el foco en la inclusión debe preocuparse porque todo el alumnado alcance su máximo desarrollo académico y personal, con especial preocupación por aquellos/as que por diferentes motivos pueden encontrarse en riesgo de exclusión. Así considerada, la educación inclusiva constituye un indicador de calidad de la enseñanza (Azorín, 2017; Muñoz et al., 2014).

La atención a la diversidad implica aplicar un modelo educativo que consiste en ofrecer a cada alumno/a la ayuda pedagógica necesaria, ajustando la intervención educativa a la individualidad del alumnado y adaptando la enseñanza a sus diferentes capacidades, intereses y motivaciones (Araque y Barrio, 2010).

El marco legislativo en las últimas décadas ha sentado las bases para su consecución. Las diferentes reformas educativas han centrado sus esfuerzos en avanzar hacia sistemas educativos más inclusivos (Azorín et al., 2017; OCDE, 2015), encaminados a mejorar la atención a la diversidad. En el contexto español cabe reseñar el logro que en relación con este tema ha supuesto la Ley Orgánica General del Sistema Educativo (LOGSE, 1990). Esta ley introduce el concepto

---

2 Proyecto de investigación financiado por la Consellería de Cultura, Educación y Ordenación Universitaria de la Xunta de Galicia para la elaboración del informe sobre "A atención á diversidade no ensino básico".

de necesidades educativas especiales y promueve un sistema educativo abierto a la diversidad de intereses, capacidades y motivaciones, estableciendo diferentes niveles de concreción curricular. Esta apertura a la diversidad constituye un logro y un cambio de modelo, y desplaza la concepción de la educación especial centrada en el déficit para entender la educación especial desde la perspectiva de la diversidad del alumnado (González Noriega, 2012).

Más recientemente, la Ley Orgánica 3/2020, de 29 de diciembre, por la que se modifica la Ley Orgánica 2/2006, de 3 de mayo, de Educación, establece en su preámbulo, respecto al currículo, que debe tratar de garantizar una estructura al servicio de una educación inclusiva y acorde con la adquisición de competencias, que valore además la diversidad.

En Galicia, el Decreto 229/2011, de 7 de diciembre, por el que se regula la atención a la diversidad del alumnado en los centros docentes de la Comunidad Autónoma de Galicia en los que se imparten las enseñanzas establecidas en la Ley Orgánica 2/2006, de 3 de mayo, de educación, establece la necesidad de conseguir que todas las personas consigan el máximo desarrollo personal y social posible, para lo cual debe facilitarse una educación adaptada a las singularidades, que garantice una igualdad efectiva de oportunidades. Aunque establece este objetivo para el conjunto del alumnado, hace especial énfasis en aquel alumnado que presenta necesidades educativas especiales, dificultades específicas de aprendizaje, altas capacidades intelectuales, incorporación tardía al sistema educativo o unas condiciones personales desfavorables.

En consonancia con este planteamiento, en el artículo 3 de este decreto se define la atención a la diversidad como el conjunto de medidas y acciones que tienen como finalidad adecuar la respuesta educativa a las diferentes características y necesidades, ritmos y estilos de aprendizaje, motivaciones, intereses y situaciones sociales y culturales de todo el alumnado.

2. Estrategias desde la acción tutorial

El concepto de tutoría fue abordado por numerosos autores, que coinciden en entenderla como una actividad inherente a la función docente y cuyo fin es potenciar la formación integral del alumnado. A la vez, la acción tutorial constituye el primer nivel de intervención de la orientación, la labor que desarrolla el profesorado con su grupo de alumnado, ya sea de modo individual o grupal.

Del Río y Codés (2007) delimitan la finalidad de la tutoría como la de "ayudar a los alumnos a optimizar su rendimiento, a que aprendan a dirigir su propia vida, a pensar, convivir y decidir por ellos mismos" (p. 31). Igualmente, Álvarez González (2004) entiende este concepto en un sentido amplio, de la siguiente forma:

… la acción formativa de orientación y ayuda que el profesor-tutor y el resto del equipo docente realizan con sus alumnos a nivel institucional y grupal en los ámbitos personal, escolar y profesional, al mismo tiempo que ejercen su función docente (p. 87–88).

Entre los objetivos de la tutoría se encuentra la atención a la diversidad y la inclusión del alumnado. De hecho, Álvarez y Bisquerra (2012), identifican los siguientes: el desarrollo de todos los aspectos de la persona, la acogida y adaptación a nuevas etapas educativas, la atención a la diversidad y la inclusión, la preparación para la vida, la prevención de las dificultades de aprendizaje, la preparación para los procesos de toma de decisiones de tipo personal, educativo y vocacional y el asesoramiento sobre las diferentes trayectorias educativas y laborales. A su vez, el profesorado, en su rol como tutor, desempeña una serie de funciones atendiendo a los diferentes agentes implicados (alumnado, equipo docente, familias y equipo directivo).

En efecto, el rol que el profesorado debe asumir en la consecución de los procesos de atención a la diversidad es considerado como un elemento esencial en la consecución de escuelas inclusivas (Domínguez y Vázquez, 2015; Luque Espinoza, 2017; Mayo et al., 2020; Pegalajar y Colmenero, 2017).

El Decreto 229/2011, de 7 de diciembre, por el que se regula la atención a la diversidad del alumnado en los centros docentes de la Comunidad Autónoma de Galicia en los que se imparten las enseñanzas establecidas en la Ley Orgánica 2/2006, de 3 de mayo, de educación, establece que la respuesta educativa a la diversidad debe concretarse en los diferentes proyectos educativos, en las enseñanzas, en la coordinación docente, en la personalización de la educación de los diferentes alumnos y alumnas, en los recursos y medidas educativas, en los compromisos familiares y sociales y en todo lo que contribuya al desarrollo personal y social del alumnado y a su preparación para convivir y participar, de forma autónoma en una sociedad democrática.

Así, el artículo 6 de este decreto establece, en el marco de las actuaciones destinadas a adecuar la respuesta educativa a la diversidad, que los centros deben potenciar la acción tutorial y orientadora por parte de todo el profesorado. De igual modo, el artículo 45 reconoce como factores favorecedores de la calidad en la atención a la diversidad, entre otros, la tutoría y la cualificación y formación del profesorado.

Además, el artículo 17 del Decreto 105/2014, de 4 de septiembre, por el que se establece el currículum de la educación primaria en la Comunidad Autónoma de Galicia señala que cada grupo de alumnos y alumnas tendrá una persona que ejerza su tutoría, al igual que se recoge para la ESO en el Decreto 86/2015, de 25 de junio, por el que se establece el currículum de la educación secundaria obligatoria y del bachillerato en la Comunidad Autónoma de Galicia. Entre sus funciones están la coordinación del conjunto de profesores/as del grupo-clase, la relación con las familias, facilitar la integración del alumnado en el grupo o coordinar las adaptaciones curriculares, entre otras. Por tanto, su intervención en la atención a la diversidad del alumnado resulta clave.

De igual modo, tanto el Plan de Acción Tutorial (PAT) como el Plan de Atención a la Diversidad (PAD) constituyen estrategias fundamentales para el desarrollo de acciones de atención a la diversidad en el aula y en los que, en su implementación, el equipo docente juega un papel esencial.

El primero de ellos, el PAT, permite incorporar a la labor tutorial del profesorado acciones que avanzan hacia una escuela inclusiva y favorecen el desarrollo personal y social del alumnado: educación emocional, habilidades personales, educación para la convivencia, educación para la igualdad, etc. Por otro lado, el Plan de Atención a la Diversidad es el documento en el que se articula la atención a la diversidad en el centro y en el que se concretan las diferentes actuaciones y medidas encaminadas a adecuar la respuesta educativa a las necesidades del conjunto del alumnado. Para la implementación de ambos planes resulta esencial el rol del profesorado-tutor, en estrecha colaboración con otros profesionales de la educación.

3. Percepción del profesorado-tutor sobre la atención a la diversidad: el caso de Galicia

En el presente apartado se recogen algunos de los resultados de un estudio que formula entre sus objetivos conocer las percepciones del profesorado-tutor sobre la atención a la diversidad del alumnado en la Comunidad Autónoma de Galicia (Xunta de Galicia, 2020).

3.1. Metodología

Se realizó un estudio descriptivo en el que se hizo uso para la recogida de información, entre otros instrumentos, del cuestionario. Este instrumento fue diseñado *ad-hoc* y se compone de cuestiones de diferente formato: ítems de construcción tipo Likert, preguntas de selección múltiple y preguntas abiertas. Se estructura en 3 bloques: datos de identificación del centro, datos personales y profesionales y finalmente, valoración sobre las estrategias de atención a la diversidad.

3.2. Muestra

Han participado en esta investigación un total de 1305 profesores/as-tutores/as que desempeñan su labor profesional en centros de las cuatro provincias gallegas, tanto públicos (79.7 %) como privados concertados (19.2 %) (tabla 1).

Tab. 1: Datos de descripción de los centros en que desarrollan su actividad docente

		Porcentaje
Provincia	A Coruña	44.5
	Lugo	7.9
	Ourense	8.6
	Pontevedra	38.2
Titularidad	Público	79.7
	Privado concertado	19.2
	NS/NC	1.1

La mayoría de los/as participantes son mujeres (79.0 %), frente a un porcentaje mucho menor de hombres (20.1 %). Respecto a la edad, el mayor porcentaje se sitúa en la franja de 42 a 51 años (33.7 %), seguido del grupo de 32 a 41 años (29.1 %). En cuanto a la experiencia docente, el 35.6 % tiene de 6 a 15 años, seguido del 25.7 % de 26 a 35 años (tabla 2). La mayoría son funcionarios/as (70.1 %).

En cuanto a la etapa en la que desempeñan su labor profesional, la mayoría es en educación primaria (53.6 %) y en menor medida ESO (21.3 %) u otras etapas (21.9 %).

Tab. 2: Datos de descripción de los/as tutores/as

		Porcentaje
Sexo	Mujer	79.0
	Hombre	20.1
	NS/NC	0.9
Edad	22 a 31 años	8.6
	32 a 41 años	29.1
	42 a 51 años	33.7
	52 a 61 años	25.7
	Más de 62 años	2.5
	NS/NC	1.2
Experiencia docente	Menos de 5 años	12.8
	De 6 a 15 años	35.6
	De 16 a 25 años	21.5
	De 26 a 35 años	25.7
	Más de 36 años	-
	NS/NC	4.4
Situación administrativa	Funcionarios/as	70.1
	Interinos/as	17.1
	NS/NC	12.8
Etapa educativa	Educación Infantil y Primaria	0.2
	Educación Primaria	53.6
	ESO	21.3
	Otras etapas	21.9
	NS/NC	3.0

3.3. Resultados

Los resultados obtenidos ponen de manifiesto, en primer lugar, que la mayoría de los/as encuestados/as afirma disponer de formación en atención a la diversidad (67.2 %), de los cuales el 56.1 % asegura que la recibió durante el proceso de formación permanente. Aun así, pese a que un porcentaje importante de profesorado reconoce haber realizado alguna acción formativa sobre este tema, casi la mitad de participantes reconoce que es insuficiente para atender a la diversidad del alumnado (48.1 %).

Al preguntar al profesorado-tutor sobre aspectos relacionados con la atención a la diversidad en el centro (tabla 3), la mayoría está bastante o muy de acuerdo con que el proyecto educativo favorece los procesos de atención a la diversidad, que el Plan de Acción Tutorial es eficaz y que las medidas recogidas en el Plan de orientación del centro permiten dar una respuesta adecuada a la diversidad.

Tab. 3: Percepción sobre diferentes acciones del centro en atención a la diversidad (%)

	Nada	Poco	Bastante	Mucho	NS/NC
El proyecto educativo del centro favorece los procesos de atención a la diversidad	2.7	14.9	49.0	31.8	1.6
Eficacia del desarrollo del PAT	3.4	19.7	47.8	27.2	1.8
Las medidas recogidas en el plan de orientación del centro permiten dar una respuesta adecuada a la diversidad	2.9	19.3	44.7	30.4	2.7

Existe un consenso generalizado en considerar que la acción tutorial resulta fundamental en la atención a la diversidad, al igual que consideran imprescindible en estos procesos la coordinación de todo el profesorado (tabla 4). Del mismo modo, un porcentaje elevado de encuestados/as opina que el asesoramiento que proporciona el departamento de orientación resulta esencial para dar respuesta a la diversidad del alumnado.

Tab. 4: Percepción sobre la importancia de diferentes acciones de atención a la diversidad (%)

	Nada	Poco	Bastante	Mucho	NS/NC
Para atender a la diversidad la acción tutorial resulta fundamental	0.2	2.4	20.7	74.8	2.0
La atención a la diversidad requiere de la coordinación de todo el profesorado	0.1	0.6	11.9	85.5	1.9
El asesoramiento proporcionado por el departamento de orientación facilita la atención a la diversidad del alumnado	3.7	11.9	32.6	48.9	2.9

Adentrándonos en funciones específicas que debe asumir el profesorado en su rol como tutor (tabla 5), se constata que mayoritariamente indican informar al equipo de docentes sobre las necesidades y características del alumnado del grupo de que son tutores/as (el 34.9 % responde bastante y el 57.9 % mucho). De igual modo, la gran mayoría afirma coordinar el ajuste de las diferentes metodologías y principios de evaluación teniendo en cuenta la diversidad del alumnado (el 52.8 % indica bastante y el 35.0 % mucho).

Tab. 5: Valoración sobre diferentes acciones de coordinación con el equipo docente (%)

	Nada	Poco	Bastante	Mucho	NS/NC
Informo al equipo de profesores/as del grupo de alumnos/as de las necesidades y características de los/as mismos/as	0.7	3.9	34.9	57.9	2.6
Coordino el ajuste de las diferentes metodologías y principios de evaluación teniendo en cuenta la diversidad del alumnado	0.7	8.6	52.8	35.0	2.9
Colaboro con otro personal docente en la elaboración y coordinación de medidas de atención a la diversidad	5.7	18.1	43.8	30.5	2.0
Coordino las adaptaciones curriculares necesarias para el alumnado de mi grupo	6.4	12.3	37.2	29.2	14.9

En términos generales, el profesorado-tutor afirma conocer las necesidades de su alumnado (tabla 6). No obstante, existe una mayor heterogeneidad en su valoración sobre las dificultades para atender a la diversidad del alumnado en el aula. De hecho, mientras algo más de la mitad de encuestados/as (52.1 %) asume tener bastantes o muchas dificultades al respecto, el 45.5 % indica que esto le afecta poco o nada.

Por otro lado, atendiendo a las acciones desarrolladas por los/as tutores/as en el ámbito de su docencia (tabla 6), la mayoría indica que con mucha frecuencia realiza modificaciones de los objetivos didácticos para atender a la diversidad del alumnado (50.7 % indica bastante y 34.9 % mucho), así como en los recursos que utiliza (50.6 % indica bastante y 37.9 % mucho). De igual modo, en términos generales señalan que elaboran la programación de aula según los diferentes ritmos de aprendizaje, capacidades e intereses del alumnado (50.7 % responde bastante y 32.5 % mucho).

También afirman mayoritariamente establecer canales de colaboración con las familias para dar respuesta a esta cuestión, a la vez que indican colaborar con otros docentes en la elaboración de medidas de atención a la diversidad.

Tab. 6: Percepción sobre diferentes acciones de atención a la diversidad en su actividad docente

	Nada	Poco	Bastante	Mucho	NS/NC
Conozco las necesidades de cada uno de mis alumnos y alumnas	0.2	6.2	48.8	42.6	2.1
Tengo dificultades para atender a la diversidad del alumnado en el aula	11.1	34.4	38.4	13.7	2.4
Adecúo mi acción educativa a las diferentes necesidades del alumnado	0.1	6.7	54.5	37.0	1.8
Modifico los objetivos didácticos para atender a la diversidad del alumnado	1.8	9.7	50.7	34.9	2.9
Modifico los recursos para atender a la diversidad del alumnado	0.3	8.9	50.6	37.9	2.4
Establezco canales de colaboración con las familias para atender a la diversidad	1.2	7.0	38.1	51.2	2.5
Acudo al departamento de orientación para recibir asesoramiento sobre atención a la diversidad del alumnado	2.8	13.7	37.9	43.1	2.4
Colaboro con otros docentes en la elaboración de medidas de atención a la diversidad	5.7	18.1	43.8	30.5	2.0
Elaboro la programación de aula según los diferentes ritmos de aprendizaje, capacidades e intereses del alumnado	1.7	12.8	50.7	32.5	2.4

4. Conclusiones

La escuela inclusiva tiene como objetivo lograr una educación equitativa y de calidad y en su consecución se torna esencial desarrollar estrategias de atención a la diversidad que permitan atender a las peculiaridades sociopersonales del alumnado.

El tratamiento de la diversidad ha evolucionado de forma exponencial a lo largo de las últimas décadas y el desarrollo normativo constituye un indicador de esta realidad, aunque son muchos los factores a considerar para continuar avanzando en su óptimo desarrollo, entre ellos: la dotación de recursos, la formación de los/as profesionales implicados, la colaboración con las familias, etc.

Los/as tutores/as desempeñan un rol esencial en la implementación de las estrategias de atención a la diversidad. Así lo considera el colectivo encuestado, que conceden una especial relevancia a la labor de coordinación que desempeña con el resto del equipo docente, tanto informando de las necesidades y características del alumnado como coordinando las medidas de atención a la diversidad que se llevan a cabo en el grupo del cual es tutor/a. Estos resultados están en consonancia con otros estudios que han confirmado que la inclusión ocupa un lugar importante en la labor docente (Pegalajar y Colmenero, 2017; Torres y Fernández, 2015) y que la atención a la diversidad requiere de la coordinación de todo el profesorado implicado (Álvarez et al., 2002; Colmenero et al., 2015).

No obstante, casi la mitad de encuestados/as consideran no disponer de formación suficiente para acometer con éxito este cometido, aunque la mayoría han asistido a acciones formativas sobre atención a la diversidad. Esta percepción sobre la necesidad de recibir más formación al respecto concuerda con algunos de los resultados de otras investigaciones previas (Miranda et al., 2018; Sánchez Palomino, 2007). En cualquier caso, la buena disposición del profesorado por incluir en su labor docente y tutorial estrategias encaminadas a adecuar su acción educativa a las diferentes necesidades del alumnado, a la vez que reconoce su interés por la formación en este ámbito, constituye una buena oportunidad para continuar avanzando hacia los retos que definen una educación inclusiva.

Referencias

Álvarez González, M. (2004). La acción tutorial como factor de calidad de la educación. En A. Del Valle (Ed.), *Contextos educativos y acción tutorial* (pp. 71-109). Ministerio de Educación, Cultura y Deporte.

Álvarez, M., y Bisquerra, R. (2012). *Orientación educativa. Modelos, áreas, estrategias y recursos*. Wolters Kluwer España, S.A.

Álvarez, V., Rodríguez, A., García, E., Gil, J., López, I., Romero, S., Padilla, M.T., García, J., y Correa, J. (2002). La atención a la diversidad en los centros de enseñanza secundaria: estudio descriptivo en la provincia de Sevilla. *Revista de Investigación Educativa, 20*(1), 225–245. https://revistas.um.es/rie/article/view/97631/93681

Araque, N., y Barrio de la Puente, J. L. (2010). Atención a la diversidad y desarrollo de procesos educativos inclusivos. *Prisma Social, 4*, 1–37.

Azorín, C.M. (2017). Análisis de instrumentos sobre educación inclusiva y atención a la diversidad. *Revista Complutense de Educación, 28*(4), 1043–1060.

Azorín, C.M., Arnaiz, P., y Maquilón, J.J. (2017). Revisión de instrumentos sobre atención a la diversidad para una educación inclusiva de calidad. *Revista mexicana de investigación educativa, 22*(75), 1021–1045.

Colmenero, M. J., Pantoja, A., y Pegalajar, M.C. (2015). Percepciones del alumnado sobre atención a la diversidad en la formación inicial del profesorado de Educación Secundaria. *Revista Complutense de Educación, 26*(1), 101–120. https://doi.org/10.5209/rev_RCED.2015.v26.n1.42616

Decreto 105/2014, de 4 de septiembre, por el que se establece el currículum de la educación primaria en la Comunidad Autónoma de Galicia. *Diario Oficial de Galicia,* 9 de septiembre de 2014, núm. 171, pp. 37406–38087.

Decreto 229/2011, de 7 de diciembre, por el que se regula la atención a la diversidad del alumnado de los centros docentes de la Comunidad Autónoma de Galicia en los que se imparten las enseñanzas establecidas en la Ley orgánica 2/2006, de 3 de mayo, de educación. *Diario Oficial de Galicia,* 21 de diciembre de 2011, núm. 242, pp. 37487–37515.

Decreto 86/2015, de 25 de junio, por el que se establece el currículum de la educación secundaria obligatoria y del bachillerato en la Comunidad Autónoma de Galicia. *Diario Oficial de Galicia,* 9 de junio de 2015, núm. 120, pp. 25434–27073.

Del Río, D., y Codés, M. (2007). *Orientación educativa y tutoría.* Sanz y Torres.

Domínguez Alonso, J., y Vázquez Varela, E. (2015). Atención a la diversidad: análisis de la formación permanente del profesorado en Galicia. *Revista Nacional e Internacional de Educación Inclusiva, 8*(2), 139–152.

González Noriega, M. (2012). La legislación educativa y los alumnos con discapacidad necesidad de actualización. *Anuario de la Facultad de Derecho, 5,* 81–105.

Ley orgánica 1/1990, de 3 de octubre, de ordenación general del sistema educativo. *Boletín Oficial del Estado,* 4 de octubre de 1990, núm. 238, pp. 28927–28942.

Ley orgánica 3/2020, de 29 de diciembre, por la que se modifica la Ley Orgánica 2/2006, de 3 de mayo, de Educación. *Boletín Oficial del Estado,* 30 de diciembre de 2020, núm. 340, pp. 122868–122953.

Luque Espinoza, M. P. (2017). Educación inclusiva. Experiencias docentes en la Universidad Metropolitana de Guayaquil. *Revista de Educación Inclusiva, 10*(1), 45–58.

Mayo, M.E., Fernández, J., y Roget, F. (2020). La atención a la diversidad en el aula: dificultades y necesidades del profesorado de educación secundaria y universidad. *Contextos Educativos, 25,* 257–274. http://doi.org/10.18172/con.3734

Miranda, M.; Burguera, J.L.; Arias, J.M., y Peña, E. (2018). Percepción del profesorado de orientación educativa de la atención a la diversidad en centros de Primaria y Secundaria en Asturias (España). *REOP, 29*(2), 71–86. http://revistas.uned.es/index.php/reop/article/view/23154/18562

Muñoz, J.M., Ríos, M.P., y Espiñeira, E. (2014). Atención a la diversidad de calidad. *REOP*, *15*(2), 413–424. http://revistas.uned.es/index.php/reop/article/view/11642/pdf

OCDE (2015). *Education Policy Outlook 2015: Making reforms happen*, París: OECD Publishing.

Pegalajar, M. C., y Colmenero, M. J. (2017). Actitudes y formación docente hacia la inclusión en Educación Secundaria Obligatoria. *Revista Electrónica de Investigación Educativa*, *19*(1), 84–97. https://doi.org/10.24320/redie.2017.19.1.765.

Sánchez Palomino, A. (2007). Investigación sobre la formación inicial del profesorado de educación secundaria para la atención educativa a los estudiantes con necesidades educativas. *Revista Interuniversitaria de formación del profesorado*, *21*(2), 149–181.

Torres, J. A., y Fernández, J. M. (2015). Promoviendo escuelas inclusivas: análisis de las percepciones y necesidades del profesorado desde una perspectiva organizativa, curricular y de desarrollo profesional. *Revista Electrónica Interuniversitaria de Formación del Profesorado*, *18*(1), 177–200.

Xunta de Galicia (2020) (Ed.). *Informe A atención á diversidade no ensino básico CURSO 2018-19*. Santiago de Compostela: Xunta de Galicia, Consello Escolar de Galicia.

Enelina M.ª Gerpe Pérez / Lucía Lareo Pena

La atención a la discapacidad en la educación superior española: el papel de los servicios universitarios

Resumen: En el presente capítulo se presenta un desarrollo teórico-descriptivo mediante el cual se pretende una aproximación a la realidad del alumnado con discapacidad en la esfera universitaria, que da visibilidad a los servicios que poseen en la actualidad la práctica totalidad de universidades en España —tanto públicas como privadas—, a sus proyectos, recursos, acciones, etc., y proporciona una visión amplia y holística de todo lo que a ello concierne.

Palabras clave: diversidad, discapacidad, educación superior, inclusión, servicios universitarios

1. Introducción

La presencia de alumnado con discapacidad en las aulas universitarias es cada vez mayor (Abad et al., 2008; Álvarez Pérez et al., 2012; De Los Santos et al., 2019; Melero et al., 2019; Hernández et al., 2019), debido al éxito de las actuaciones y programas desarrollados en las etapas educativas anteriores (Bilbao, 2010) y a las políticas legislativas (Galán-Mañas, 2015) implementadas en las últimas décadas en torno a esta realidad. Concretamente, según los últimos datos de la Fundación Universia (2021), el alumnado con discapacidad representa en torno al 1.5 % del alumnado universitario, diferencia que es más acusable entre aquellos/as que estudian en las universidades públicas frente a las privadas, tasa que también se da entre aquellas que promueven la presencialidad y las que llevan a cabo sus acciones a distancia.

Atendiendo a Alonso y Díez (2008), la legislación nacional e internacional vigente vela por la igualdad de oportunidades del alumnado con discapacidad en todos los ámbitos de la vida. Así, son varios los documentos normativos que se van desarrollando a fin de garantizar una igualdad real de oportunidades, la no discriminación y el acceso y permanencia de las personas con discapacidad o en situación de dependencia (Ley 51/2003); contribuir a la promoción de la autonomía personal (Ley 39/2006); o garantizar la promoción, protección y pleno disfrute de las personas con discapacidad, en total igualdad ante la Ley (ONU, 2006).

En este contexto es necesario reseñar la Ley Orgánica 4/2007, de 12 de abril, que modifica la Ley Orgánica 6/2001, de 21 de diciembre, de universidades, en la que se establecen medidas diferentes a las de la ley anterior, como son el garantizar el acceso a la universidad de las personas con discapacidad prohibiendo cualquier tipo de discriminación. En ese mismo año, se publica el *Libro Blanco sobre Universidad y Discapacidad* (Peralta, 2007) que describe la situación real del alumnado con discapacidad, identifica las deficiencias existentes e impulsa buenas prácticas y acciones de mejora que velen por la igualdad de oportunidades.

En esta línea, el Real Decreto 1791/2010, de 30 de diciembre, que aprueba el Estatuto del Estudiante Universitario, reconoce los derechos de las personas con discapacidad, reforzando los principios de igualdad de oportunidades y no discriminación en los distintos aspectos de la vida universitaria: académicos, deportivos, de participación estudiantil, movilidad, prácticas externas, becas y ayudas o actividades solidarias, y promueve la creación de servicios de atención a la comunidad universitaria con discapacidad (artículo 65.6); en su artículo 7 se alude al derecho del alumnado universitario a la información y orientación vocacional, académica y profesional, y al asesoramiento por las universidades sobre las actividades de las mismas que les afecten (1.f); y en el artículo 22 se incide en que los programas y las actividades de tutoría deberán adaptarse a las necesidades de los estudiantes con discapacidad, procediendo los departamentos o centros, bajo la coordinación y supervisión de la unidad competente en cada universidad, a las adaptaciones metodológicas precisas y, en su caso, al establecimiento de tutorías específicas en función de sus necesidades (1); y se promoverá el establecimiento de programas de tutoría permanente para que el estudiante con discapacidad pueda disponer de un profesor-tutor a lo largo de sus estudios (2).

En esta situación cambiante, las universidades han evolucionado para dar respuesta a las necesidades del alumnado con discapacidad que llega a sus aulas, de tal modo que, si a principios de 1990 muy pocos concluían sus estudios universitarios, en la actualidad parece impensable que las universidades no dispongan de servicios, programas y especialistas que trabajen para garantizar el acceso, desarrollo y conclusión de los estudios universitarios de este colectivo.

Amparadas en dicha normativa, la mayor parte de las universidades españolas han elaborado planes destinados al alumnado con discapacidad, han desarrollado guías para orientar y apoyar al profesorado en dicha tarea, y programas de intervención y tutoría y, además, han creado servicios de apoyo (García-Cano et al., 2017; Molina y González-Badía, 2006: Suárez y Castillo, 2020; Vieira y

Ferreira, 2011). Así mismo, es destacable el papel que adquieren los procesos de orientación y tutoría antes y después del ingreso a la universidad (Gairín et al., 2009) como ejes fundamentales para el éxito de los procesos de enseñanza y aprendizaje, al posibilitar una atención integral de todo el alumnado sin excepción alguna.

2. Principios de actuación con el alumnado con discapacidad en las universidades españolas

En la actualidad la atención al alumnado con discapacidad en las universidades españolas, en su totalidad, es delimitada por el citado *Libro Blanco sobre Universidad y Discapacidad* (Peralta, 2007) y por el protocolo de Actuación del INICO (Díez et al., 2008), ya que en ambos se recogen los principios que rigen las actuaciones necesarias para la equiparación de oportunidades entre los/as estudiantes.

En el primero de ellos, es decir, el *Libro Blanco sobre Universidad y Discapacidad*, se recogen los principales y primordiales ámbitos de actuación en la atención al alumnado con discapacidad. Ejemplo de dichos ámbitos son los siguientes: la orientación, seguimiento, ayuda, materiales didácticos y de estudio accesibles, sistemas alternativos y/o aumentativos de apoyo a la comunicación, ayudas técnicas, servicios de intérpretes de lengua de signos, eliminación de barreras, transporte accesible, becas y ayudas, deporte adaptado, ente otros. En el segundo caso, el protocolo de Actuación del INICO, reúne las acciones concretas que se deben implementar tanto en los procesos de accesibilidad a recursos educativos, como en aspectos relacionados con la evaluación, metodología, divulgación, etc.

En definitiva, se trata de asumir y trabajar teórica y prácticamente en aquellos aspectos que requieren una mayor atención para dar respuesta a la diversidad de necesidades y demandas que van surgiendo en la vida universitaria a lo largo del transcurso de la formación académica.

3. Los Servicios de Atención al Alumnado con Discapacidad

A raíz de los principios, ámbitos y ejes primordiales contemplados en los dos documentos clave mencionados en el epígrafe anterior sobre la atención al alumnado con discapacidad, las propias universidades del Estado español en su ejercicio promueven acciones encaminadas a la mejora de la situación de este colectivo en la universidad, creando servicios y redes de servicios específicos para ello, que se constituyen como objeto de análisis en el siguiente epígrafe.

3.1. La Red de Servicios de Apoyo a Personas con Discapacidad en la Universidad (SAPDU)

El Decreto 1393/2003 de ordenación de los estudios de grado y posgrado plantea la necesidad de establecer estrategias de trabajo y acciones comunes, lo que impulsa la redacción de un documento en la Universidad de Valencia en el año 2008, que subraya la necesidad de crear una red de servicios de apoyo para sumar esfuerzos y fijar criterios en materia de inclusión. Es de este modo cómo ve la luz la Red de Apoyo a Personas con Discapacidad en la Universidad (SAPDU), en una reunión celebrada en el año 2009 en la Universidad Jaume I de Castellón, y cómo se establecen objetivos, acciones y grupos de trabajo con el fin de garantizar, en el ámbito universitario, y mediante el establecimiento de unas acciones mínimas en materia de discapacidad, una inclusión real en dicho contexto.

De acuerdo con el artículo 3 del Reglamento de funcionamiento de los servicios de apoyo a personas con discapacidad en la universidad (CRUE y SAPDU, 2015), la Red SAPDU está constituida por los servicios de apoyo a personas con discapacidad —o con competencias en la materia— de las universidades españolas miembros de la CRUE, siendo en la actualidad un total de 59 universidades. Así mismo, dicha red cuenta con unos objetivos claramente definidos (artículo 2), los cuales se concretan en los siguientes: fomentar la colaboración de los diversos servicios universitarios de atención al alumnado con discapacidad y necesidades educativas especiales; proponer actuaciones transversales en materia de discapacidad que puedan llevar a cabo las universidades; sugerir a las administraciones educativas medidas que aseguren el cumplimiento de lo regulado en materia de discapacidad y formular pautas que guíen la incorporación efectiva y activa de las personas con discapacidad en la universidad.

En lo que respecta a sus funciones, es importante tener en cuenta que la Red SAPDU está integrada por una Comisión Permanente, una Comisión Permanente Ampliada y Grupos de Trabajo Especializados en materia de discapacidad en el ámbito universitario. Atendiendo al quinto artículo del citado Reglamento, concretamente a su punto 5.4, se establece que la Comisión Permanente que conforma la Red SAPDU tiene entre sus cometidos principales: la colaboración, asistencia y dinamización de los grupos de trabajo para el desarrollo de sus objetivos y líneas de actuación; el estudio, consulta y elaboración de informes y/o dictámenes sobre asuntos que competen a la Red SAPDU, o que le sean solicitados formalmente por instituciones vinculadas a esta materia; el seguimiento de las políticas relacionadas con las personas con discapacidad en el ámbito universitario; el análisis de temas de interés de la Red SAPDU para intentar fijar posiciones comunes en su encuentro anual —donde tiene lugar el intercambio de experiencias y resolución de dudas—; o el planteamiento de pautas generales de comunicación interna y difusión exterior de la Red.

En lo que se refiere a la Comisión Permanente Ampliada (artículo 6), las funciones que le corresponden son el apoyo a la coordinación y a la secretaría técnica en la organización y funcionamiento de la Red. Por lo que atañe a los grupos de trabajo, constituidos como seminarios permanentes, tienen entre sus funciones (artículo 8) la realización de actividades o trabajos que estén en sintonía con los objetivos que constituyen la razón de ser del propio grupo y que, por tanto, deben vincularse con los objetivos de la red y llevarse a cabo en coordinación con la Comisión Permanente.

En definitiva, la Red SAPDU vela por hacer posible la atención al alumnado con discapacidad garantizando una igualdad real de oportunidades, atención individualizada, orientación y/o asesoramiento, así como sensibilización de toda la comunidad universitaria (Porto y Gerpe, 2020).

3.2. Los servicios universitarios de atención al alumnado con discapacidad de las universidades españolas: perfil, análisis e interpretación

De acuerdo con Galán-Mañas (2015), a lo largo de los últimos años, los servicios de apoyo a las personas con discapacidad se han extendido considerablemente entre las universidades españolas. Estos, entre sus competencias, incluyen la mediación entre el alumnado y el profesorado, la orientación y dotación de soporte a estudiantes y profesores, la sensibilización y formación del profesorado y el velar por la realización de las transformaciones necesarias para asegurar la permanencia y progreso del alumnado con discapacidad (Moliner et al., 2019). El V Estudio Universidad y Discapacidad (Fundación Universia, 2021) concluye en esta línea que, de las 61 universidades españolas que han colaborado en el estudio, 58 cuentan con un servicio de atención al alumnado con discapacidad. La Universidad Autónoma de Barcelona se constituye como la pionera en crear este servicio en el año 1989, mientras que las últimas que lo incorporan en su estructura son la Universidad de Jaén, la Universidad de Málaga, la Universidad Pablo Olavide y la Universidad de Oviedo, en el año 2005. En un 93.0 % de esas universidades se desarrollan programas de tutorización y/o seguimiento; un 93 .0% realiza programas de adaptación del puesto de estudio y un 88.0 % lleva a cabo programas de adaptación curricular. Además, en el 72.0 % de los casos se realiza asesoramiento y orientación psicoeducativa.

Estudios como los de Abad et al. (2008) o Alcantud et al. (2000) señalan que las unidades o servicios universitarios destinadas a la atención del alumnado con

discapacidad comparten líneas de actuación comunes, centradas en la eliminación de las barreras arquitectónicas y la mejora de la accesibilidad, la facilitación
de la movilidad y el transporte, la elaboración de censos, el apoyo al estudio, la
sensibilización de la comunidad universitaria, el apoyo técnico, las ayudas económicas, la gratuidad de matrícula, la formación del personal de administración
y servicios y del personal docente e investigador, las adaptaciones curriculares y
las políticas de inserción laboral.

Aunque en general los formatos y modelos de gestión de los servicios difieren
entre sí (Molina y González-Badía, 2006), tanto en su origen como en su estructura
(Vieira y Ferreira, 2011), casi en su totalidad se ocupan de ofrecer información
sobre acogida, asesoramiento, apoyo y atención personalizada; servicio de transporte adaptado; supresión de barreras arquitectónicas; ayudas técnicas; sensibilización y formación a toda la comunidad universitaria y coordinación con otros
organismos e instituciones externas. Sin embargo, tal y como señala Núñez (2017),
estos servicios se caracterizan por su heterogeneidad en cuanto a su estructura,
profesionales que los integran, organización y recursos con que cuentan.

Si tomamos en consideración que la mayoría de estos servicios (tal como se
expuso en el epígrafe anterior) forman parte de la Red SAPDU, su finalidad principal debe ir encaminada a garantizar la igualdad de oportunidades e inclusión, a
sensibilizar y concienciar a todos los miembros de la comunidad universitaria, y
a informar, orientar y asesorar al alumnado, personal docente e investigador, así
como al personal de administración y servicios sobre los procesos de inclusión
y atención a las demandas del alumnado con discapacidad. Para dar respuesta
a dichas finalidades los servicios promueven diversas actuaciones y programas.

Respecto a las actuaciones llevadas a cabo, es necesario destacar que estas centran su atención en la individualidad y particularidad de cada sujeto y se enfo-
can principalmente en las siguientes: atender las necesidades del alumnado con
discapacidad y adaptarse a las mismas (adaptaciones de la metodología, pruebas de evaluación…); mejorar la accesibilidad y/o suprimir barreras (arquitectónicas o de otra índole); realizar actuaciones individualizadas en función de las
particularidades y casuística de cada sujeto; prestar apoyo educativo; formar al
personal docente e investigador, al personal de administración y servicios y al
propio alumnado para dar una respuesta efectiva en los procesos de atención a la
discapacidad; gestionar ayudas económicas, préstamo de dispositivos, transporte
adaptado, reserva de plazas de aparcamiento, asistentes personales, intérpretes,
tomadores de apuntes; realizar actuaciones de sensibilización y promoción de
actitudes positivas entre los miembros de la comunidad universitaria ante la discapacidad y la inclusión; y desarrollar actuaciones de orientación, promoción y

ayuda en los procesos de inserción laboral y/o empleabilidad de las personas con discapacidad.

Por lo que se refiere a los programas, estos se orientan principalmente a atender al alumnado con discapacidad en aquellas cuestiones referidas a barreras arquitectónicas, la mejora de la accesibilidad, y de los medios de transporte, y apoyos de tipo técnico o de acompañamiento al estudio; en definitiva, en tratar de conseguir "la normalización de la vida universitaria de los alumnos con discapacidad" (Alcantud et al., 2000, p. 38). Ello se traduce en programas de índole muy diversa, entre los que destacan: aquellos que van orientados a la formación, información y sensibilización de la comunidad universitaria; los que se centran en el asesoramiento individualizado, orientación y atención tutorial, psicológica o académica; programas de accesibilidad encaminados a la supresión de barreras en todos y cada uno de los espacios por los que el alumnado con discapacidad pasa a lo largo de su formación académica en la universidad; programas de apoyo enfocados a la mejora y facilitación de los procesos de enseñanza y aprendizaje; programas orientados al acompañamiento y asesoramiento sobre los procesos de inserción laboral al finalizar la formación universitaria; y programas de acogida dirigidos a ayudar en el proceso de incorporación a la universidad a fin de que sea lo más natural y esté lo más adaptada posible a las particularidades de cada sujeto.

Ambos procesos y acciones, tal y como se puede comprobar en los párrafos anteriores apuntan en una misma dirección, que las instituciones de educación superior han de aunar esfuerzos y proporcionar la ayuda, el soporte y los medios necesarios para que el alumnado con discapacidad pueda realizar y concluir con éxito su proceso de enseñanza y aprendizaje en la universidad (Sakiz y Saricali, 2017). Reparando en dicho análisis y en la literatura aquí expuesta, se da cuenta del largo camino que aún queda por recorrer para alcanzar una inclusión real y verdadera en todos los niveles y ámbitos de la vida universitaria.

Referencias

Abad, M.ª. Álvarez, P., y Castro de Paz, J. F. (2008). Apoyo a la integración de estudiantes con discapacidad en la enseñanza universitaria. Algunas medidas y propuestas de actuación orientadora. *Educación y diversidad= Education and diversity: Revista inter-universitaria de investigación sobre discapacidad e interculturalidad*, (2), 129–150.

Alcantud, F., Ávila, V., y Asensi, C. (2000). Adaptaciones curriculares en los estudios superiores. *Minusval, 125*, 17–19.

Alonso, A. y Díez, E. (2008). Universidad y discapacidad: indicadores de buenas prácticas y estándares de actuación para programas y servicios. *Revista Española sobre Discapacidad Intelectual, 39*(226), 82–98. https://n9.cl/cwhjh

Álvarez Pérez, P., Alegre, O., y López, D. (2012). Las dificultades de adaptación a la enseñanza universitaria de los estudiantes con discapacidad: un análisis desde un enfoque de orientación inclusiva. *Relieve, Revista Electrónica de Investigación y Evaluación Educativa, 18*(2). https://doi.org/10.7203/reli eve.18.2.1986

Bilbao, M. C. (2010). Percepción de los recursos que favorecen la integración de estudiantes con discapacidad en la educación superior según los docentes de la Universidad de Burgos. *Educación y Diversidad, 4*(2), 33–50.

CRUE y SAPDU (2015). *Reglamento de funcionamiento de la Red de los Servicios de Apoyo a Personas con Discapacidad en la Universidad aprobado en el plenario de la Red de 22 de octubre de 2015*. https://ouad.unizar.es/sites/ouad.uni zar.es/files/users/ouad/SAPDU%202.pdf

De Los Santos, S. B., Kupezynski, L., & Mundy, M-A. (2019). Determining academic success in students whit disabilities in higher education. *International Journal of Higher Education, 8*(2), 16–38. https://eric.ed.gov/?id=EJ1212595

Díez, E., Verdugo, M. A., Campo, M., Sancho, I., Alonso, A., Moral, E., y Carro, I. (2008). *Protocolo de actuación para favorecer la equiparación de oportunidades de los estudiantes con discapacidad en la universidad*. INICO. https://sid-inico. usal.es/idocs/F8/FDO20659/Protocolo_actuaci%c3%b3n_1.08.pdf

Fundación Universia (2021). *Universidad y Discapacidad. V Estudio sobre el grado de inclusión del sistema universitario español respecto de la realidad de las personas con discapacidad*. https://www.fundacionuniversia.net/content/ dam/fundacionuniversia/pdf/estudios/V_Estudio_Universidad_y_Discapaci dad_2019_20.pdf

Gairín, J. Muñoz, J. L., Feixas M., y Guillamón, C. (2009). La transición secundaria-universidad y la incorporación a la universidad. La acogida de los estudiantes de primer curso. *Revista Española de Pedagogía, 67*(242), 27–44. https://www.jstor.org/stable/23766220?seq=1

Galán-Mañas, A. (2015). Orientación a los estudiantes con discapacidad en la Universidad Española. *Revista de Orientación Psicopedagógica, 1*(26), 83–99. https://n9.cl/61rk4

García-Cano, M., Castillejo, A., Jiménez, N., y Martínez, I. (2017). Universidad y discapacidad. Diagnóstico sobre la inclusión de estudiantes con discapacidad en la Universidad de Córdoba. *Docencia y Derecho, Revista para la docencia jurídica universitaria*, (11), 1–17.

Hernández, C. M., Fernández M.ª del M., Carrión, J. J., y Avilés, B. (2019). La inclusión socioeducativa en la Universidad de Minho. Percepciones y actitudes sobre el alumnado con discapacidad. *Revista Complutense de Educación*, 30(4),1097–1112. https://doi.org/10.5209/rced.60106

Ley 39/2006, de 14 de diciembre, de Promoción de la Autonomía Personal y Atención a las personas en situación de dependencia. *Boletín Oficial del Estado*, 15 de diciembre de 2006, núm. 299, pp. 44142–44156. https://www.boe.es/eli/es/l/2006/12/14/39/con

Ley 51/2003, de 2 de diciembre, de igualdad de oportunidades, no discriminación y accesibilidad universal de las personas con discapacidad. *Boletín Oficial del Estado*, 3 de diciembre de 2003, núm. 289, pp. 43187–43195. https://www.boe.es/eli/es/l/2003/12/02/51/con

Ley Orgánica 4/2007, de 12 de abril, por la que se modifica la Ley Orgánica 6/2001, de 21 de diciembre, de Universidades. *Boletín Oficial del Estado*, 13 de abril de 2007, núm. 89, pp. 16241–16260. https://www.boe.es/eli/es/lo/2007/04/12/4

Ley Orgánica 6/2001, de 21 de diciembre, de Universidades. *Boletín Oficial del Estado*, 21 de diciembre de 2001, núm. 307, pp. 49400–49425. https://www.boe.es/buscar/pdf/2001/BOE-A-2001-24515-consolidado.pdf

Melero, N., Moriña, A., y Perera, V. H. (2019). Acciones del profesorado para una práctica inclusiva en la universidad. *Revista Brasileira de Educaçao, 24.* http://dx.doi.org/10.1590/s1413-24782019240016

Molina, C., y González-Badía, J. (2006). *Universidad y discapacidad: Guía de recursos*. Cinca.

Moliner, O., Yazzo, M. A., Niclot, D., y Philippot, T. (2019). Universidad inclusiva: percepciones de los responsables de los servicios de apoyo a las personas con discapacidad. *Revista Electrónica de Investigación Educativa*, 21, e20, 1-10. doi:10.24320/redie.2019.21.e20.1972

ONU (2006). *Convención Internacional de los Derechos de las Personas con Discapacidad.* https://www.discapnet.es/areas-tematicas/nuestros-derechos/tus-derechos-fondo/convencion-internacional

Peralta, A. (2007). *Libro blanco sobre universidad y discapacidad.* Real Patronato sobre discapacidad. https://www.cermi.es/sites/default/files/docs/coleccio nes/LibroBlancosobreuniversidadydiscapacidad.pdf

Porto, A. M., y Gerpe, E. M. (2020). Servicios universitarios de atención al alumnado con discapacidad en España. *Revista Española de Orientación y Psicopedagogía*, 31(3), 149–169. https://revistas.uned.es/index.php/reop/article/view/29266

Real Decreto 1393/2007, de 29 de octubre, por el que se establece la ordenación de las enseñanzas universitarias oficiales. *Boletín Oficial del Estado*, 30 de octubre de 2007, núm. 260. https://www.boe.es/buscar/act.php?id=BOE-A-2007-18770

Real Decreto 1791/2010, de 30 de diciembre, por el que se aprueba el Estatuto del Estudiante Universitario. *Boletín Oficial del Estado*, 31 de diciembre de 2010, núm. 318, pp. 109353–109380. https://www.boe.es/eli/es/rd/2010/12/30/1791/con

Sakiz, H., y Saricali, M. (2017). Including students with visual difficulty within higher education: necessary steps. *Exceptionality, A Special Education Journal, 26*(4), 266–282. https://doi.org/10.1080/09362835.2017.1283627

Suárez L. B., y Castillo, I. (2020). Descripción de una experiencia educativa inclusiva con alumnado universitario: Trabajando habilidades para el empleo. *Tendencias Pedagógicas*, (35), 130–152. https://dialnet.unirioja.es/servlet/articulo?codigo=7186642

Vieira, M. J., y Ferreira, C. (2011). Los servicios de atención a estudiantes con discapacidad en las Universidades de Castilla y León. *Revista Española de Orientación y Psicopedagogía, 22*(2), 185–199. http://revistas.uned.es/index.php/reop/article/view/68

Eva M.ª Espiñeira Bellón / Jesús Miguel Muñoz Cantero

Enfoques de calidad en la atención a la diversidad

Resumen: Mediante el capítulo "Enfoques de calidad en la atención a la diversidad" se analiza el alcance y el enfoque de las acciones educativas con el fin de propiciar una educación inclusiva a través del diseño de planes de mejora. Se abordan los diferentes enfoques de las últimas reformas educativas en torno a la idea de la calidad de la educación y de la mejora de esta, así como los conceptos de diversidad y educación inclusiva. Se analiza también el desarrollo de procesos educativos inclusivos, describiendo la manera de efectuar propuestas para la mejora de la educación inclusiva en los centros educativos atendiendo para ello a modelos de gestión de la calidad. De esta forma, se presenta una serie de pasos secuenciados para elaborar un plan de mejora escolar con un enfoque inclusivo de manera que se pueda contextualizar a las diferentes necesidades de cada centro educativo.

Palabras clave: atención a la diversidad, calidad, centros educativos, modelos de gestión

1. Introducción

El recorrido histórico del alumnado "diferente" siempre ha sufrido procesos de marginación y discriminación, siendo aislado del sistema educativo e institucionalizado permanentemente, convirtiéndose esta práctica cotidiana en un elemento segregador. Ahora bien, a través del proceso educativo se intenta conseguir que dicho alumnado pueda alcanzar la integración en la sociedad y, por tanto, la inadaptación, las dificultades de aprendizaje, las necesidades educativas, etc., no han de permitir la segregación hacia una enseñanza especializada (Araque y Barrio, 2010).

Aunque en España se desarrollaron las primeras experiencias educativas con alumnado sordo, los principios de normalización e integración no se establecen legislativamente hasta los años 70 ni se llevan a la práctica hasta la década de los 80. De esta forma, la desinstitucionalización, en línea con el principio de normalización, se debe básicamente al momento en el que emerge la inclusión educativa en la década de los noventa del siglo pasado (Ainscow, 2009).

Dicho movimiento ha propiciado una idea de modificación en los centros educativos acompañada de procesos de mejora para posibilitarla y del principio de equidad intentando responder a las necesidades personales y sociales del alumnado. Así, la aprobación de la Agenda 2030 de Desarrollo Sostenible centra su cuarto objetivo en lo siguiente:

Garantizar una educación inclusiva y equitativa de calidad y promover oportunidades de aprendizaje permanente para todos (UNESCO, 2016).

De acuerdo con lo anterior, en la actualidad se promulga un término de educación inclusiva centrado en alcanzar una educación que contribuya a minimizar la exclusión social del alumnado en situación de desventaja y una educación de calidad para todo el alumnado, englobando los anteriores conceptos de integración escolar, necesidades educativas especiales, educación compensatoria y atención a la diversidad (Araque y Barrio, 2010).

Este modelo de educación no ha de centrarse de manera general en el centro educativo sino también en todo aquello que sucede más allá de sus aulas y, de manera concreta, en los diferentes agentes implicados dentro de este; es decir, este modelo afecta a toda la comunidad educativa ya que el alumnado recibe influencias de todo ello (Araque y Barrio, 2010), y entiende la educación inclusiva de la siguiente manera:

> Un derecho humano, por lo que se trata de un objetivo prioritario a todos los niveles y que, además, se dirige a todo el alumnado, pues la heterogeneidad es entendida como normal y se basa en un modelo sociocomunitario en el que el centro educativo y la comunidad escolar están fuertemente implicados, conduciendo al mejoramiento de la calidad educativa en su conjunto y para todo el alumnado (p. 16).

Así, dar respuesta a la diversidad del alumnado implica ofrecer experiencias educativas ajustadas a sus características individuales, adoptando para ello una metodología favorecedora de un proceso de enseñanza-aprendizaje teniendo en cuenta la individualidad.

Solo en este sentido, la educación inclusiva conseguirá distinguirse como un modelo más equitativo que ha de atender no solo al alumnado con necesidades educativas ni tan siquiera únicamente al alumnado, sino a todos los miembros de la comunidad educativa (centro, profesorado, personal administrativo y de servicios, familias y contexto social) (Alegre, 2004).

De esta manera, se facilitará el aprendizaje de todos/as con calidad y equidad, ya que la calidad implica a todas las personas, a todo lo referente al proceso educativo (organización, procesos, actividades, resultados, etc.) (Sarramona, 2004) y toda la comunidad educativa ha de implicarse en la mejora (Chavarría y Borrell, 2002).

Existen, por tanto, autores/as que enfatizan que atender a la diversidad del alumnado es uno de los mejores indicadores de la calidad de la enseñanza (Martín y Mauri, 1996) y que la capacidad de los centros educativos de ofrecerle una respuesta satisfactoria es también una medida de excelencia docente.

En este sentido, es necesario que el personal docente llegue a comprender que ha de ajustar su proceso de enseñanza-aprendizaje a las peculiaridades de su alumnado, pero también es el encargado de desarrollar actitudes y comportamientos cooperativos, plurales y respetuosos.

2. La mejora escolar de la educación inclusiva

En el marco anteriormente mencionado, el movimiento de Mejora y Eficacia Escolar se dirige a la puesta en práctica de proyectos que cambien los centros educativos, ayudándoles a conseguir sus objetivos de manera eficaz (Murillo, 2003) y así, se establece:

> Una teoría válida para sustentar y llevar a cabo procesos de cambio y mejora en pro de una educación inclusiva (Arnaiz, 2019).

Numerosas investigaciones se han centrado en determinar aspectos de calidad que influyen en la educación inclusiva. Como muestra de ello es necesario destacar las investigaciones que se han centrado en el desarrollo de instrumentos para evaluar la importancia de la atención a la diversidad en los centros educativos, así como la respuesta que se le ofrece (Casar, 2007; Espiñeira, 2008), en el diseño de indicadores (Navarro et al., 2013) o en la puesta en marcha de planes de mejora derivados de las anteriores acciones (Arnaiz et al., 2017; Espiñeira, 2008).

Cada una de las investigaciones anteriores se apoya en el empleo de la autoevaluación como una opción metodológica que ha conseguido ser avalada por investigaciones y evidencias científicas y que, a modo de herramienta, permite el inicio del proceso de análisis, reflexión y diálogo colectivo, por lo que es recomendada una autoevaluación de carácter sistemático y reflexivo con el fin de determinar las propuestas de mejora que se estructurarán de la manera que cada centro educativo estime más oportuno (planes de mejora, proyectos de calidad, procesos de formación...) (Dirección Provincial de Educación de Soria, 2019).

Empleando dicho proceso de autoevaluación, los centros educativos consiguen revisar las prácticas educativas, identificar fortalezas y debilidades y establecer planes de mejora. Para ello han de centrarse en una metodología de investigación-acción participativa.

Con el interés de propiciar el cambio, como señala Moriña (2008), han de tenerse en cuenta las condiciones externas a los centros educativos y sus propias características y condiciones organizativas (tanto de los centros educativos en general como de la concreción que se produce en las propias aulas).

Del mismo modo, Araque y Barrio (2010), se centran en la motivación y en el impulso de la participación del profesorado en estrategias participativas en las prácticas educativas, recogiendo datos, analizándolos, tomando decisiones, etc., que faciliten la investigación y el análisis crítico de su realidad y que contribuyan a realizar avances en la educación inclusiva buscando alternativas a la segregación.

Por otra parte, las principales fases seguidas en dichas investigaciones se centran en lo siguiente:

- Fase 1. La constitución de los grupos de trabajo, así como su sensibilización y concienciación en cuanto a la inclusión educativa.
- Fase 2. La autoevaluación del centro educativo con el objetivo de conocer sus actuaciones en pro de la inclusión educativa.
- Fase 3. La determinación y priorización de las mejoras detectadas en la autoevaluación.
- Fase 4. El diseño de los planes de mejora y su puesta en práctica.

Además, como en todo proceso de mejora, estas fases van acompañadas de las respectivas reuniones de coordinación, la formación en las temáticas que abordan cada uno de los planes, la comunicación entre las personas implicadas, el intercambio de experiencias entre las personas participantes y la evaluación de las actuaciones realizadas (Arnaiz, 2019).

Tomando las palabras de Moriña (2008), la construcción de propuestas inclusivas, por tanto, implica un proceso complejo que se ha de desarrollar a largo plazo, requiriendo la participación de toda la comunidad educativa.

2.1. Los planes de mejora

La definición del concepto de calidad en nuestro país supuso la puesta en marcha en los centros educativos de una vertiente centrada en la aplicación de modelos de calidad (como ejemplo, la adaptación del modelo EFQM a centros educativos) y otra centrada en la puesta en marcha de planes de mejora (Arnaiz et al., 2008) en los cuales, de acuerdo con Martínez-Arias (2009), resulta indispensable la autoevaluación de los centros educativos con el objetivo de reportar los resultados de sus procesos y de orientarse a la mejora efectiva de la práctica educativa (Mañú y Goyarrola, 2011).

Los requisitos más relevantes de los planes de mejora, de acuerdo con las teorías del *School Improvement* y que ya han sido señaladas en numerosas ocasiones por diferentes autores/as (Cantón, 2004; Espiñeira, 2008) se centran en lo siguiente:

- La voluntariedad de los centros para diseñarlos y ponerlos en marcha.

- El compromiso adquirido internamente por el centro educativo y entre este y la Administración.
- La implicación y participación de las personas bajo el impulso de un adecuado liderazgo por parte de la dirección del centro educativo, pero también de la presión administrativa, de ser el caso.
- La temporalidad de las evaluaciones y las posibles convocatorias públicas establecidas por la Administración educativa.

2.2. Pasos para elaborar un plan de mejora escolar con un enfoque inclusivo

Siguiendo las características más destacables de los planes de mejora en general (MEC, 1998), se establece a continuación una propuesta de los pasos, etapas o fases que deberían establecerse para elaborar un plan de mejora atendiendo a la inclusión educativa, teniendo en cuenta que cada centro ha de basarse en sus características propias y en la experiencia que tenga tanto en el desarrollo de estos planes como en el de una educación basada en la inclusión.

En primer lugar, se ha de constituir el **equipo de mejora**.

Redactar un plan de mejoras, exige un trabajo en equipo de las personas que trabajan en el centro educativo (equipo directivo, profesorado, Claustro, Consejo Escolar, departamentos, participantes y asesorías externas, inspección educativa, etc.); por ello es necesario fijar un equipo formal, para trabajar colaborativamente en una misma dirección; asimismo, es necesario establecer las normas o pautas que faciliten el trabajo común y consensuado.

Normalmente, se suele establecer que dichos equipos estén formados por entre cuatro y diez personas basándose en la voluntariedad del proceso (profesorado e incluso personal no docente, familias, alumnado, etc.) y que hayan recibido formación en dinámica de grupos y resolución de problemas ya que han de identificar áreas de mejora con el fin de establecer soluciones o acciones que lleven al perfeccionamiento.

No obstante, es necesario destacar que dichos grupos han de poseer una persona coordinadora, que ha de ser elegida por el propio equipo y que debe asesorarlo o dirigirlo ejerciendo dotes de liderazgo y haciéndolo avanzar.

Centrándose en la educación inclusiva, las investigaciones realizadas demuestran también que el trabajo cooperativo lleva a una manera de aprender también de forma colaborativa que sirve de esta forma:

Fuente de estímulo y motivación para mejorar el clima de enseñanza/aprendizaje, siendo una metodología idónea para abandonar el individualismo tradicional (Rodríguez-Hernández, 2017).

En segundo lugar, se ha de realizar el **diagnóstico** de la situación de partida del centro, con el fin de detectar las fortalezas y debilidades, teniendo una intención evaluadora y estableciendo la aplicación de alguna técnica e instrumento con los cuales poder realizar un análisis sistemático y riguroso de la información recogida en relación con la inclusión educativa que se genera en el centro educativo.

No puede dejarse de mencionar la importancia del trabajo realizado por Booth y Ainscow (2000), en la elaboración de un instrumento considerado de utilidad para ayudar a los centros educativos a desarrollar procesos que mejoren la participación y el aprendizaje en la mejora de las prácticas educativas con una orientación inclusiva (Sandoval et al., 2002) y donde se establecen un conjunto de indicadores y de preguntas mediante los cuales los centros educativos pueden realizar un análisis exhaustivo de sus posibilidades de cara a la inclusión educativa.

Otros instrumentos, como se ha señalado con anterioridad son los establecidos por Arnaiz (2019), Arnaiz et al. (2008), Casar (2007) y Espiñeira (2008). Dichos instrumentos establecen diferentes aspectos en los que poner atención con respecto a la educación inclusiva, basándose en aspectos generales de los centros educativos recogidos en herramientas y modelos de reconocida calidad (EFQM, CIPP, PDCA, etc.), o bien centrándose en aspectos exclusivamente relacionados con la inclusión:

> Creación de culturas inclusivas, elaboración de políticas inclusivas o desarrollo de prácticas inclusivas escolares (Booth y Ainscow, 2000).

En tercer lugar, se han de seleccionar **las áreas de mejora.**

Después del proceso de diagnóstico y autoevaluación reflejado anteriormente, la elaboración posterior del plan de mejora constituye la herramienta para establecer y priorizar las acciones de mejora detectadas.

Las acciones de mejora detectadas, por tanto, han de incluirse en las **áreas** de mejora identificadas objetivamente y apoyarse en hechos o en resultados, mediante la utilización de los instrumentos adecuados.

Así, comienza el momento de decidir cuáles son los aspectos que se necesitan mejorar o qué tipo de mejoras son las más oportunas, cómo se asignarán las responsabilidades, ya que, a partir de las áreas de mejora que se hayan identificado, el equipo de mejora seleccionará una o varias; y, por último, por dónde empezar.

De acuerdo con lo anterior, Cantón (2004) sugiere realizar a continuación una evaluación de tipo normativo-criterial de tal forma que se establezcan los criterios que son más pertinentes y, por otro lado, los temas normativos que se han de puntuar mediante criterios numéricos ya que de esta manera se podrán obtener resultados numéricos que avalen la decisión que se tome.

También es necesario tener como referencia para ello los diferentes estudios, investigaciones, informes, etc., que se centran en los aspectos clave reinantes en los centros educativos que apuestan por una escuela inclusiva que lleva al éxito escolar (Gobierno Vasco, 2019).

Otro aspecto a tener en cuenta para ello son los recursos de los que disponga el centro educativo y la propia dificultad que encierren dichas áreas de mejora.

A continuación, se ha de diseñar el propio **plan de mejora**.

La estructura de un plan de mejora, como se recoge en la tabla 1, ha de incluir todos los aspectos que hacen referencia a las áreas de mejora seleccionadas; en primer lugar, la definición de la propia propuesta de mejora y la designación de la persona o personas encargada/s de ella; en segundo lugar, lo referente a la planificación de las acciones que se han de desarrollar en cuanto a procedimientos, recursos, apoyos, temporalización; y, en tercer lugar, el plan de seguimiento establecido con el fin de evaluar todo el proceso.

Tab. 1: Propuesta de mejora

Propuesta de mejora	Planificación de la acción	Plan de seguimiento
Denominación de la propuesta de mejora	Objetivos específicos de la acción	Indicadores de la ejecución/acción
Punto débil detectado	Actuaciones que se van a desarrollar	Responsable de su seguimiento
Responsable de su aplicación	Período de ejecución previsto	Nivel de cumplimiento de la acción
	Recursos y presupuesto necesario	Resultados obtenidos/acción
		Grado de satisfacción
		Acciones correctoras
		Observaciones

Con respecto a la planificación de la acción, el plan de mejoras ha de generar una estructura provisional que irá avanzando y modificándose con el paso del tiempo; no obstante, ha de planificarse igualmente en el sentido de conducirlo a su finalidad teniendo en cuenta los plazos establecidos y los recursos con los que se cuente.

Así se ha de pasar por un proceso en el cual el plan de mejoras se descomponga en actividades organizadas en el tiempo y en el espacio, respondiendo a los objetivos específicos que han de poseer un carácter realista, concreto, evaluable y alcanzable. Dichos objetivos han de centrarse en contribuir al desarrollo integral y al éxito escolar de todo el alumnado haciendo realidad los principios de inclusión, equidad y excelencia.

Con respecto al seguimiento de la acción, han de establecerse una serie de decisiones que afectan a la evaluación de cómo se está desarrollando el proceso. La planificación y el desarrollo de este seguimiento han de contribuir al éxito de la educación inclusiva en el centro educativo. En este sentido, conviene, por una parte, definir indicadores de ejecución de las acciones como elementos informativos, como complemento a la fase de ejecución, seleccionando aquellos sobre los cuales se pueda incidir para mejorar la calidad de la inclusión educativa.

A lo largo de la ejecución de las acciones, debe realizarse un seguimiento del plan a través de reuniones, fijadas en el calendario con una frecuencia periódica, y también a través de los procedimientos de comunicación que se establezcan para contribuir al mantenimiento del interés en la mejora.

Es el momento también de dejar un espacio para reflejar las acciones correctivas que se vayan poniendo en marcha con el fin de corregir las diferencias entre lo planificado y lo realizado, así como aquellas que se podrán poner en marcha en futuros planes de mejora.

Referencias

Ainscow, M. (2009). Developing inclusive education system: What are the levers for change? En P. Hicky & G. Thomas (Eds.), *Inclusion and diversity in education* (pp. 1–13). Sage Publishing.

Alegre, O.M. (2004). Atienda a la diversidad del aprendiz. En L.M. Villar (Dir.), *Capacidades docentes para una gestión de calidad en Educación Secundaria* (pp. 65–82). McGraw-Hill.

Araque, N., y Barrio, J.L. (2010). Atención a la diversidad y desarrollo de procesos educativos inclusivos. *Prisma social. Revista de Investigación Social, 4,* 1–37. https://dialnet.unirioja.es/servlet/articulo?codigo=3632700

Arnaiz, P. (2019). La educación inclusiva: mejora escolar y retos para el siglo XXI. *Participación Educativa, 6*(9), 41–51. https://www.educacionyfp.gob.es/dam/jcr:559207c7-2901-4d6e-82a3-b016d74adaa3/pe-n9-art03-pilar-arnaiz.pdf

Arnaiz, P., Castro, M., y Martínez, R. (2008). Indicadores de calidad para la atención a la diversidad del alumnado en la Educación Secundaria Obligatoria. *Educación y Diversidad = Educación and Diversita. Revista Inter-universitaria de Investigación sobre Discapacidad e Interculturalidad, 2,* 35–59. https://dialnet.unirioja.es/servlet/articulo?codigo=2547354

Arnaiz, P., De Haro, R., y Mirete, A. (2017). Procesos de mejora e inclusión educativa en centros educativos de la Región de Murcia. En J.C. Torrego, L. Rayón, Y. Muñoz, y P. Gómez (Eds.), *Inclusión y mejora educativa,* pp. 271–281. Servicio de Publicaciones de la Universidad de Alcalá.

Booth, T., y Ainscow, M. (2000). *Índex foro inclusión*. Consorcio Universitario para la Educación Inclusiva.

Cantón, I. (2004). *Planes de mejora en los centros educativos*. Ediciones Aljibe.

Casar, L.S. (2007). *Atención a la diversidad. Un estudio de su calidad en centros de la provincia de A Coruña* [Tesis doctoral no publicada]. Universidade da Coruña.

Chavarría, X., y Borrell, E. (2002). *Calidad en educación*. Edebé.

Dirección Provincial de Educación de Soria (2019). *Plan de autoevaluación y mejora en orientación e inclusión educativa*. Junta de Castilla y León.

Espiñeira, E. M. (2008). *Evaluación de la calidad de la atención a la diversidad en un centro educativo de Galicia. Plan de mejoras* [Tesis doctoral no publicada]. Universidade da Coruña.

Gobierno Vasco (2019). *Plan marco para el desarrollo de una escuela inclusiva*. Departamento de Educación del Gobierno Vasco.

Mañú, J. M., y Goyarrola, I. (2011). *Docentes competentes. Por una educación de calidad*. Narcea.

Martín, E., y Mauri, T. (1996). *La atención a la diversidad en Educación Secundaria*. ICE-Horsori.

Martínez-Arias, R. (2009). Usos, aplicaciones y problemas de los modelos de valor añadido en educación. *Revista de Educación, 348*, 217–250. https://www.educacionyfp.gob.es/dam/jcr:93139fb0-8a26-43bb-91cc-4816962a6 3fd/re34810-pdf.pdf

MEC (1998). Ministerio de Educación y Cultura, Dirección General de Centros Educativos.

Moriña, A. (2008). ¿Cómo hacer que un centro educativo sea inclusivo? Análisis del diseño, desarrollo y resultados de un programa formativo. *Revista de Investigación Educativa, 26*(2), 521–538. https://revistas.um.es/rie/article/view/94051/90661

Murillo, F. J. (2003). El movimiento teórico-práctico de mejora de la escuela. Algunas lecciones aprendidas para transformar los centros docentes. *Revista Electrónica Iberoamericana sobre Calidad, Eficacia y Cambio en Educación, 1*(2), 1–22. https://revistas.uam.es/reice/article/view/5352

Navarro, M. J., Gordillo, M. D., Navarro, A., y Gordillo, T. (2013). Indicadores de calidad para orientar la formación del profesorado hacia la inclusión educativa. *INFAD Revista de Psicología, 1*(1), 695–702. https://idus.us.es/bitstr eam/handle/11441/67520/Indicadores%20de%20calidad%20para%20orien tar%20la%20formaci%c3%b3n%20del%20profesorado%20hacia%20la%20 inclusi%c3%b3n%20educativa.pdf?sequence=1&isAllowed=y

Rodríguez-Hernández, J. A. (2017). *Las ventajas del Aprendizaje Cooperativo en la Educación Inclusiva* [Trabajo de Fin de Grado publicado]. Universidad Internacional de La Rioja. https://reunir.unir.net/handle/123456789/5715

Sandoval, M., López, M. L., Miquel, E., Durán, D., Giné, C., y Echeita, G. (2002). Index for inclusion. Una guía para la evaluación y mejora de la educación inclusiva. *Contextos Educativos, 5*, 227–238. https://addi.ehu.es/bitstream/handle/10810/26170/IndexForInclusion.pdf?sequence=1&isAllowed=y

Sarramona, J. (2004). *Factores e indicadores de calidad en la educación.* Octaedro.

UNESCO (2016). *Educación 2030. Declaración de Incheon y Marco de Acción.* UNESCO.

Camilo I. Ocampo Gómez / José A. Sarmiento Campos / Alberto
J. Barreira Arias / M.ª Dolores Castro Pais / Pablo Rodríguez
Álvarez

Orientación psicopedagógica en la formación profesional de un sistema de educación inclusivo

Resumen: En este capítulo se aborda el tema de la orientación psicopedagógica como intervención necesaria en el sistema educativo para una educación inclusiva en las enseñanzas de formación profesional (FP). El apartado 1 se dedica a los conceptos de partida en orientación psicopedagógica. A continuación, se estudia el sentido y la organización de la FP en el sistema educativo, para dar cuenta de los servicios de orientación en los centros en el punto 3. En el 4 se aborda la inserción laboral y desarrollo profesional de "todo el alumnado" de FP teniendo en cuenta su diversidad y el proyecto vital-profesional del que forma parte el plan de búsqueda del empleo y/o autoempleo. Finalmente, dada la importancia y posibilidades que actualmente poseen las TIC para la orientación psicopedagógica de todo el alumnado de FP en un sistema educativo realmente inclusivo, se le dedica el 5.º y último apartado de este capítulo a las TIC como modelo emergente en la orientación en FP.

Palabras clave: inclusión, formación profesional, orientación psicopedagógica, tecnologías de la información y comunicación

1. Introducción: Orientación psicopedagógica

El término "orientación" procede del latín "oriens-tis" (oriente). Dos de las acepciones que posee en castellano, según la Real Academia Española (2014), son las siguientes: a) informar a alguien de lo que ignora y desea saber de un asunto o negocio para mantenerse en él; b) dirigir o encaminar una cosa hacia un fin determinado. Cuando se aplica a personas, sobre todo en el campo pedagógico o psicopedagógico, en ambas acepciones se hallan presentes aspectos semánticos como consejo, ayuda, actitud, información, conocimiento, aprendizaje y decisión. Las palabras inglesas "guidance" (orientación) y "counseling" (asesoramiento) tienen sentido parecido.

A partir del análisis de un cierto número de definiciones (Sobrado y Ocampo, 2000), puede decirse que la orientación psicopedagógica es un proceso continuo que, formando parte de los sistemas de educación, tanto formal (en estrecha relación con el currículo académico) como no formal, consiste en prestar ayuda técnica y colaborativa (orientadores y tutores) a todas las personas a lo largo de su vida con el fin de que adquieran su pleno desarrollo mediante una intervención que, desde los principios de prevención, desarrollo e interacción con el contexto social, habrá de integrar aspectos académicos, profesionales, personales y sociales. Por ello, como señalan Álvarez y Bisquerra (2012, p. 23), en la orientación psicopedagógica hay cuatro grandes áreas de conocimiento, de formación y de intervención: 1, orientación profesional o de la carrera; 2, orientación en los procesos de enseñanza-aprendizaje; 3, necesidades educativas especiales; 4, prevención y desarrollo personal. Las 4 han de trabajarse con el alumnado, si bien pueden variar en sus proporciones respectivas dependiendo de modalidades y/o etapas, siendo del todo necesario un tratamiento interrelacionado e intenso en el ámbito de las transiciones del educando/orientando, en la FP cuando el/la alumno/a finaliza un ciclo formativo.

La orientación adquiere carácter institucional en los Estados Unidos de América a través de la primera de estas áreas. Ocurre a principios del siglo veinte y lo hace con el nombre de *Orientación vocacional* ("Vocational a choosing") que es el título de la obra póstuma de Parsons, publicada en 1909. Luego evolucionó hacia la *Orientación para el desarrollo de la carrera.* En Europa se prefirió continuar con la denominación de *Orientación profesional* (Álvarez, 1998) y, en ocasiones, confundiéndola con una de sus partes, *Orientación Laboral,* nombre que en la realidad es más propio de la orientación realizada por servicios del mundo del trabajo.

La segunda de las áreas, de institucionalización más tardía, se refiere al interés de la orientación por desarrollar estrategias de aprendizaje en el alumnado, incorporar sus intereses y necesidades al desarrollo del currículo y potenciar la reflexión sobre sus procesos y formas de aprender. Máxime cuando el Council of the European Union (2004) acepta como principio "el aprendizaje a lo largo de la vida" (*lifelong learning*). Normalmente puede recibir la denominación de *Orientación escolar, Orientación educativa, Orientación académica* y también: *Orientación en los procesos de enseñanza y aprendizaje.*

La tercera de las áreas guarda relación con las demandas que llegan a la orientación por las dificultades de aprendizaje y adaptación de determinado alumnado. Ello, para numerosas personas, incluso del propio profesorado, constituye el cometido fundamental de la orientación y sus profesionales: el alumnado de educación especial o con necesidades educativas especiales. En la actualidad, sobre todo en España desde la promulgación de la LOGSE (1990), a esta área se la conoce más como de *Atención a la diversidad e inclusión educativa,* porque la inclusión consiste en una búsqueda interminable de formas acertadas de atender a la diversidad (Ainscow, 2005, p. 31). Asimismo, en la medida que se refiere a casos de alumnado perteneciente a minorías étnicas, inmigrantes y determinados grupos en riesgo de exclusión, Sobrado y Ocampo (2000) proponemos que su denominación sea *Orientación para la diversidad personal, social y cultural*. La cuarta área de la orientación comprende actuaciones dirigidas al desarrollo de habilidades sociales y de vida, educación emocional y sexual, educación para la salud y, dentro de ella, la prevención del consumo de drogas; concretamente tiene importancia el desarrollo del autoconcepto, la autoestima y la autoconfianza. Su denominación más común es la de *Orientación para la prevención y el desarrollo personal* (que deberá incluir la *educación emocional*).

La evolución de la orientación psicopedagógica y la especialización científica creciente hacen que con frecuencia se hable por separado de estas áreas, lo que produce una cierta identificación de la parte (el/las área/s de que se trate) con el todo e incluso el descuido de las demás áreas de la orientación psicopedagógica. En el ámbito del trabajo y el empleo, relacionados generalmente en sus actividades con la formación continua de los trabajadores, existen servicios de orientación laboral que llevan a cabo actividades del área de orientación profesional/asesoramiento de la carrera, aunque no siempre fundadas en principios psicopedagógicos.

El desarrollo institucional de la orientación profesional ha llevado consigo la paulatina configuración de sus bases teóricas. Se construyen mediante la elaboración de planteamientos que buscan la coherencia a la vez que aspiran a explicar determinados constructos hipotéticos a partir de los cuales extraer consecuencias para una intervención técnica. Suelen denominarse *modelos teóricos* de orientación (Álvarez y Bisquerra, 2012, pp. 82–95). Pueden distinguirse 4 grandes grupos: del *counseling*; de orientación de la carrera (orientación profesional); del desarrollo cognitivo; y del desarrollo humano. En cada uno de ellos existen diferentes enfoques (bases conceptuales) creados por autores de las distintas corrientes.

Asimismo existen distintos *modos* específicos de actuar en la práctica orientadora, sin que ello suponga exclusividad de enfoques en los que se sustenta la acción, y se denominan modelos de intervención. Hay distintas clasificaciones al respecto (Álvarez Rojo, 1994; Álvarez y Bisquerra, 2012; Sánchez-García, 2017; Sobrado y Ocampo, 2000). En la actualidad se aceptan los siguientes *modelos*: de *counseling*; de consulta; de servicios; de programas y, aunque el consenso no es tan general, el tecnológico. En ocasiones se habla también de diferentes *modelos organizativos* según los contextos y normativas establecidas para la orientación psicopedagógica: institución, centro, comunidad autónoma (o región) y Estado o Estados (Sobrado et al., 2006).

Las funciones de la orientación psicopedagógica son múltiples y varían según el modelo de intervención, máxime en un contexto educativo que aspire a ser realmente inclusivo. Su estudio puede hacerse teniendo en cuenta de modo simultáneo las 3 siguientes dimensiones de la orientación (el gráfico es un cubo): a quién va dirigida, con qué finalidad y el modelo a seguir (Morrill et al., 1974). Existe igualmente otra propuesta estructuralmente análoga (Drapela, 1983) que considera: destinatarios, temas y estrategias. Con ello salen 48 pequeños cubos representativos de otras tantas funciones. En cualquier caso, y como tendremos ocasión de comprobar en el punto 3 de este capítulo, más allá de la organización y funciones prescritas por las administraciones para los servicios orientadores, puede afirmarse que las fundamentales son las siguientes: *evaluación psicopedagógica; diseño, ejecución y evaluación de planes y programas de carácter orientadores; asesoramiento (alumnado, profesorado, familias en su caso, administración…; gestión del equipo en su caso; relaciones organizativas; investigación, innovación e información.*

Para que estas funciones orientadoras puedan cumplirse, si bien adaptándose a la etapa educativa correspondiente, la FP en nuestro caso, se necesitan estrategias, planes de acción o programas de orientación, tutoría e inclusión donde se integren de forma coordinada unas secuencias de actividades fundadas y estructuradas (técnicas) que, con la ayuda de los recursos adecuados (herramientas) posibiliten, con las colaboraciones necesarias, el logro de los objetivos propuestos. Guardan, como es lógico, estrecha relación con los modelos teóricos y de intervención subyacentes a las funciones orientadoras establecidas. Cabe citar al respecto las siguientes: *Observación sistemática, pruebas psicopedagógicas, entrevista, diseño y evaluación de programas, elaboración de informes, planificación y gestión e informáticas.* Entre los recursos pueden indicarse: *fichas, cuadernos del alumnado para tutorías, multimedia, libros guía del profesorado* (Ocampo, 2012), *de lectura, material de recogida de datos, pruebas y manuales, internet, programas, portales, blogs, webs, redes, redes sociales* (véase el apartado 3).

2. Una FP más inclusiva en las políticas educativas actuales

Normalmente, cuando hablamos de "formación profesional" nos referimos a un conjunto de acciones de enseñanza-aprendizaje de carácter profesional inicial, reinserción laboral y de formación continua en las empresas. Es una pieza indispensable para que los países puedan contar con un modelo productivo que intensifique los procesos de creación de valor y de empleo de calidad (Ministerio de Educación y Formación Profesional, 2021, p. 5). Y es un importante medio de ayuda en la recuperación y transición a economías digitales y verdes (Council of the European Union, 2020).

De manera general, los sistemas de educación y formación profesional (EFP) en Europa se estructuran en FP inicial (EFPI) y FP continua (EFPC). La EFPI se desarrolla en un entorno escolar o en un entorno laboral, como centros de formación y empresas; también puede hacerse con alternancia en ambas (FPI dual); esta situación varía de un país a otro dependiendo de los sistemas nacionales de educación y de las estructuras económicas. La EFPC se imparte después de la formación inicial o tras el comienzo de la vida laboral. Su objetivo es ayudar a los ciudadanos a adquirir nuevas competencias y a proseguir su desarrollo personal y profesional.

La FPI cuando tiene lugar en un entorno escolar suele denominarse FP en el sistema educativo y consta de procesos formativos que suelen impartirse de forma presencial, pero también a distancia, en la segunda etapa de la educación secundaria y postsecundaria no superior, o mediante prueba de acceso. Su objetivo principal es ayudar al alumnado a adquirir las competencias necesarias para el acceso y adecuado desempeño de alguna o algunas de las profesiones existentes. Ello deberá permitir a todas las personas trabajar con éxito en algún campo profesional y ha de atender, asimismo, a su capacitación para adaptarse a las modificaciones que puedan producirse a lo largo de su vida, desarrollarse en lo personal, a ejercer una ciudadanía democrática y a seguir progresando en el sistema educativo.

La FPI en el sistema educativo español oferta más de 150 ciclos formativos, que se organizan en 26 familias profesionales. Dentro de cada familia hay los siguientes ciclos: a) de FP básica, que son enseñanzas de oferta obligatoria y conducen al *título de profesional básico*; b) formativos de grado medio, que conducen al *título de técnico* y forman parte de la educación secundaria posobligatoria; c) ciclos formativos de grado superior, que conducen al *título de técnico superior* y forman parte de la educación superior; d) cursos de especialización.

Cada ciclo formativo se compone de módulos. El conjunto de los resultados de aprendizaje logrados permite al alumnado alcanzar una parte de las distintas competencias correspondientes al ciclo: general, profesionales, personales y sociales.

Estas enseñanzas se pueden impartir en varios tipos de centros: a) públicos y privados autorizados por la Administración educativa y centros o entidades de formación; b) integrados de formación profesional (CIFP), de titularidad pública o privada, para atender las necesidades educativas de zonas con características especiales (Rego-Agraso, 2018); c) de referencia, que facilitan una formación más competitiva y responden a los cambios en la demanda de cualificación de los sectores productivos; d) de formación profesional ocupacional, que programan cursos para desempleados y cursos de perfeccionamiento técnico de docentes de FP.

En los CIFP los órganos de gobierno, los de coordinación y participación, aún más que los unipersonales, se diferencian un tanto de los que tienen los centros de secundaria con FP, ya que el carácter especializado de las enseñanzas y las edades del alumnado lo exigen así. Tenemos un ejemplo en los consejos sociales y en los departamentos. En el caso de estos últimos, aunque en determinadas materias pueden coincidir, en su mayoría en la FP varían, como es lógico, en función de los ciclos formativos que se impartan. En cuanto al *departamento de orientación*, si bien en los CIFP cambia su composición (aquí tiene presencia, además del profesorado de los departamentos de las familias profesionales, el de FOL y el coordinador de emprendimiento), parcialmente su nombre y algunas de sus funciones.

De igual modo, han de señalarse, como notas diferenciales de tipo organizativo, los órganos de coordinación correspondientes a la formación en centros de trabajo y al intercambio de experiencias discentes y docentes con personas de otros países, porque se trata de enseñanzas en las que los centros han de adaptar su organización y funcionamiento a los retos con los que se enfrentan. El Centro Europeo para el Desarrollo de la Formación Profesional (CEDEFOP, 2020a) apunta los siguientes: una creciente demanda de cualificaciones de nivel intermedio y superior, al menos hasta el año 2025, y una disminución en la demanda de trabajadores con bajo nivel educativo. Por tanto, se necesitan enfoques integrados que abarquen orientación profesional, validación del aprendizaje no formal e informal y el desarrollo profesional de orientadores, tutores, formadores, profesorado y directivos de FP.

En este sentido, en España, la Ley Orgánica 3/2020, por la que se modifica la Ley Orgánica 2/2006, de 3 de mayo, de Educación (LOMLOE), en coherencia con la Agenda 2030, tiene como uno de sus objetivos mejorar el reconocimiento social de los itinerarios formativos de la FP e incrementar la demanda de alumnado en este tipo de estudios, consiguiendo así tasas similares al resto de países europeos. Para ello el Ministerio de Educación y Formación Profesional (2020) indica que son necesarios cambios como los siguientes: *flexibilización de los criterios de acceso y admisión, ofertas específicas de ciclos formativos de grado básico para alumnado con necesidades específicas especiales, adaptaciones metodológicas y organizativas para personas con necesidad específica de apoyo educativo, impulso de FP dual y de CIFP, sobre todo en cuanto a organización y funcionamiento necesarios para una FP "más" inclusiva.* La respuesta a estos retos ha comenzado ya con la promulgación de la Ley Orgánica 3/2022, de 31 de marzo, de ordenación e integración de la formación profesional, según la cual los departamentos de orientación en los centros adquieren especial relevancia.

3. Servicios de orientación en centros con alumnado de FP

Para llevar a efecto una parte importante de los cambios que se necesitan en la FP, la orientación psicopedagógica resulta fundamental, sobre todo en lo atinente a sus áreas de atención a la diversidad-inclusión y orientación profesional-asesoramiento para el desarrollo de la carrera, ya que son las claves para un acompañamiento personalizado en el diseño y realización de los proyectos profesionales (y vitales). En este proceso es importante que el alumnado conozca su personalidad, competencias y valores (autoconocimiento). Asimismo, el alumnado, y las familias en su caso, deben estar informados del contexto laboral y de los itinerarios formativos correspondientes. De igual modo han de aprender a tomar decisiones a partir de la evaluación previa de varias alternativas posibles. Ahora bien, todo ello requiere la ayuda profesional de orientador/a y tutor/a y, en el caso de España, así se asume en la legislación cuando establece que los poderes públicos prestarán una atención prioritaria a la orientación educativa y profesional (LOMLOE, 2020). Con la pandemia, la necesidad de orientación en los centros se ha incrementado sustancialmente, convirtiéndose en clave para la recuperación de la crisis (CEDEFOP et al., 2020).

En cualquier caso, como ponen de manifiesto Sanz y Manzanares (2018) se requiere que el alumnado de FP pueda contar con *servicios orientadores* (véase apartado 1), tanto *internos* (pertenecientes al centro) como *externos* (que, situados fuera del centro, le prestan apoyos especializados). Los internos son estructuras específicas de orientación, equipos, unidades o *departamentos* formados normalmente por personal docente especializado en orientación y otros docentes que aportan conocimientos específicos de importancia para una atención a la diversidad de calidad, es decir, una atención a las necesidades educativas originada por la diversidad de capacidades, condiciones, conductas o intereses del alumnado en relación con su desarrollo competencial. Asimismo, en cuanto posee cometidos orientadores, puede considerarse al *profesorado tutor* como otro servicio interno cuya función tiene gran importancia.

Partiendo de los enfoques constructivistas (Monereo y Solé, 1999) y considerando los modelos teóricos emergentes (Sobrado y Ceinos, 2017), así como los posibles modelos de intervención (ver apartado 1), proponemos como el más adecuado para alumnado de FP en un sistema educativo donde rijan los principios de educación inclusiva, *el modelo de servicios actuando por programas* complementado por algunas acciones propias del *modelo de consulta*. Este modelo ecléctico posibilita intervenciones en los 3 ámbitos requeridos: atención a la diversidad e inclusión, procesos de enseñanza-aprendizaje y orientación profesional o para la carrera. Los servicios de orientación en los centros (departamentos dirigidos por profesorado especialista: orientadores) han de planificar, coordinar y apoyar la realización y evaluación de programas en los tres ámbitos citados. Es importante que lo hagan mediante el diseño, aplicación y evaluación de al menos 3 planes/programas: *orientación académica y profesional, atención a la diversidad y acción tutorial.* La ejecución de lo previsto corresponde en un primer nivel, al profesorado, especialmente si es tutor, ya que la orientación es parte integrante de sus funciones docentes. En el 2.º nivel, ya especializado, corresponde actuar a las estructuras específicas de orientación en función del modelo institucional determinado por cada administración en el ámbito de sus competencias. El nivel 3º lo configuran normalmente los departamentos de orientación de los centros, asesorados y auxiliados, en su caso, por equipos o servicios externos especializados. En todos los países existen servicios de orientación educativa, "con predominio en algunos de los servicios internos y en otros de los externos, aunque con una tendencia cada vez mayor a optar por un modelo mixto, con preponderancia de los internos complementados por los externos" (Sobrado y Barreira, 2012, p. 188).

Las funciones del profesorado tutor en los ciclos formativos de FP, aparte de las administrativas, son fundamentalmente de coordinación con el departamento de orientación y con el profesorado que imparte docencia al alumnado del que aquel es tutor. La raíz de estas funciones centrales de la tutoría llevada a cabo por un/a docente ha de buscarse en el conocimiento que esta persona deberá tener del alumnado que se le encomienda y al cual ha de prestar ayuda en su proyecto profesional (y vital). Por ello suelen atribuirse a la función tutorial cometidos de información en materia de evaluación, relación con las familias, desde luego más en la FP básica, y adaptaciones del currículo. Todo ello proporciona al tutor/a un conocimiento del alumnado en profundidad que le permite ayudarle en la adquisición de las competencias del ciclo formativo, más aún cuando ese conocimiento ha de abarcar el del grupo mediante el correspondiente seguimiento y conducción que ayude a un adecuado desarrollo psicosocial de sus miembros. Algo distinta es la función tutorial docente en el periodo de *formación en centros de trabajo,* donde la coordinación ha de hacerse precisamente con quien sea tutor profesional de la o el estudiante en ellos.

Las funciones de los *departamentos y/o unidades de orientación* tienen su raíz en las expuestas para la orientación en general en el apartado 1. Así, tanto estén en centros de secundaria como si lo están en centros específicos de FP, las principales son de asesoramiento a un triple nivel: a) al alumnado, sobre conocimiento de sí mismo y del mercado laboral, la formación posible y/o necesaria en cada caso, del procedimiento del reconocimiento, evaluación, acreditación y certificación de la competencia profesional, de las cualificaciones profesionales y de la formación a lo largo de la vida, así como la toma de decisiones sobre objetivos del proyecto profesional y las técnicas y recursos para la inserción laboral; b) al profesorado, concretamente si desarrollan la función tutorial programada en el plan al respecto, así como a especialistas que pudiese haber en pedagogía terapéutica y audición y lenguaje, conforme a lo previsto en el plan de atención a la diversidad y el de orientación académica y profesional; c) al equipo directivo en materia de currículo por competencias con una metodología de carácter personalizado, así como en aspectos de innovación educativa que ayude a la formación del equipo docente.

Además puede, y debe, haber otras funciones como las que siguen: a) motivar al alumnado para que acceda a programas de emprendimiento; b) planificar a partir de la evaluación psicopedagógica y de necesidades en su caso –incluidas las derivadas del uso de las TIC en la orientación– la acción tutorial, la atención a la diversidad, la actividad de viveros de empresas, la acción orientadora del centro y del propio departamento; c) coordinar las acciones orientadoras en el centro; d) colaborar con otros servicios de orientación, instituciones y administraciones para dotar de mayor apertura, eficacia y proyección a la orientación; e) investigar e informar de los resultados y propuestas a los órganos competentes.

Para llevar a cabo las actividades derivadas de dichas funciones es necesario que los profesionales de la orientación y el asesoramiento de la carrera adquieran y desarrollen complejas competencias profesionales. En este sentido deben citarse las aportaciones de la International Association for Educational and Vocational Guidance (IAEVG) (2003, 2018) cuando propone las siguientes: *evaluación, orientación educativa, desarrollo de la carrera, asesoramiento, gestión de la información, consulta y coordinación, investigación y evaluación, entrega y evaluación de programas y servicios, desarrollo de la capacidad de la comunidad, colocación, administración y gestión de los servicios de orientación, marketing y promoción de la orientación profesional y educativa con especial énfasis en las habilidades para el* marketing *social, trabajar con inmigrantes, refugiados y personas desplazadas.*

Por otra parte, la Network for Innovation Career Guidance & Counseling in Europe (NICE) (2012, 2016) señala 5 competencias centrales entrelazadas entre sí por medio de la profesionalización: *asesoramiento de la carrera, información y evaluación de la carrera, educación de la carrera, desarrollo e intervenciones de los sistemas sociales y gestión de servicios y programas.*

La concreción de estas competencias exige a los profesionales de la orientación con intervención en los actuales centros con FP el manejo de las diversas técnicas y herramientas a las que nos hemos referido en el apartado 1, desde luego con especial dominio de recursos TIC: blogs (blogempleo, Orientación para el empleo, TALjobs…); portales web (EURES, PLOTEUS, EUROFOUND, TODO FP…); redes (Euroguidance, EURAXESS, Solvit, ENIC-NARIC…); redes sociales (Freelancer, Friendsandjob, Jobatus, Linkedin, Viadeo, Womenalia, Xing…). Recursos TIC que habrán de aplicarse con especial cuidado en el caso del alumnado de la FP Básica y FP Dual para ayudarles a lograr las 8 "competencias clave" (Anexo 4 de la Recomendación del Consejo de la Unión Europea de 22 de mayo de 2018). Recomendación que, en el caso de España, se incorpora a la política educativa mediante Ley Orgánica 3/2022 de ordenación e integración de la FP, recientemente promulgada.

4. Orientación e inserción laboral del alumnado y proyecto profesional

Como exponen Pérez Boullosa (2009) y Donoso y Figuera (2007), por inserción profesional debe entenderse aquel proceso a través del cual una persona busca, obtiene y se afianza en un trabajo acorde con su formación y expectativas consiguiendo una situación de estabilidad con alta probabilidad de mantenerla en el tiempo. Por tanto, en el contexto de la FP en el sistema educativo, se trata de un proceso que requiere de los servicios de orientación de los centros de prestación de ayuda técnica y colaborativa (especialmente con el profesorado del módulo de Formación y Orientación Laboral –o su equivalente curricular– y tutorías en el caso de las empresas donde se realiza la formación en centros de trabajo) a fin de que todo el alumnado adquiera: a) las competencias necesarias (empleabilidad) para buscar, obtener y desempeñar un empleo, o en su caso autoempleo, acorde con la titulación obtenida y sus expectativas e intereses, siquiera sea en un mínimo grado; b) aquellas competencias que le posibiliten mejorar y afianzarse en el mismo e ir consiguiendo con el tiempo estabilidad y desarrollo profesional y personal; c) competencias actitudinales básicas para enfrentarse en el futuro a posibles situaciones de transición: del empleo al desempleo y de nuevo a la búsqueda de empleo (o autoempleo), asumiendo la formación que en su caso sea necesaria y sabiendo que también los aprendizajes extracurriculares desarrollan y mejoran competencias transversales que cada vez se demandan más en el mercado laboral (AIEV, 2019).

En consecuencia, la orientación en la FP, *inclusiva y no sexista por principio*, habrá de enfrentarse con desafíos como el de prestar ayuda al alumnado que cursa la FP básica y la FP dual, alternativas creadas en parte para atender a jóvenes en riesgo de exclusión social. Pero no es menor el reto que comporta contribuir a que personas que se hallan en un ciclo, y por tanto ya han tomado sus primeras decisiones profesionales, logren una mayor madurez personal y vocacional y, a la vez, aprendan a definir sus metas a corto plazo, así como a planificar el uso adecuado de las técnicas y herramientas para conseguirlas, situando todo ello en el marco de un *proyecto profesional* propio. Porque, en palabras de dos especialistas:

El proyecto profesional se trata de una construcción personal con una significación vital y profesional. Se basa en una "planificación orientada al futuro, abierta y flexible, que se expresa en un plan de acción para desarrollar la carrera y aproximarse al máximo a una autorrealización personal y profesional" (Sánchez-García y Suárez, 2017, pp. 195–196).

Su desarrollo exige tener en cuenta aspectos como metas iniciales, autoconocimiento, conocimiento de las exigencias laborales en el entorno, las necesidades de desarrollo personal-profesional, el reajuste de metas y la planificación y puesta en práctica de "estrategias para su logro mediante los subproyectos correspondientes" (Sánchez-García, 2004, p. 362).

Un subproyecto de importancia en el caso de FP ha de ser el de búsqueda de empleo. En el mismo, según Pérez Boullosa (2009), Gutiérrez-Crespo (2012), y Suárez-Ortega y Moreno (2013) parece prudente diferenciar entre técnicas y recursos de búsqueda de empleo. En el primer caso nos estamos refiriendo a procedimientos para incrementar la probabilidad de hallar empleo. En el segundo hablamos de herramientas o medios de los que podemos y debemos valernos para ello. En ambos casos se fundamentan en los procesos habituales de selección de personal utilizados por las empresas.

Entre las técnicas de búsqueda de empleo cabe citar las siguientes: *gestión de la información, utilización de la red de contactos personales* (networking), *red de relaciones sociales y profesionales, respuesta a anuncios, autocandidatura enviada por correo o entregada personalmente, inscripción en empresas de empleo temporal y en portales de empleo, hacer voluntariado o colaborar en trabajos…*Además, dentro ya de lo que sería la selección propiamente dicha para el puesto, las personas aspirantes deberán contar con preparación para *responder rápido a los ítems de los test psicotécnicos y cuestionarios adecuados al perfil de la plaza, así como en el procedimiento correspondiente para realizar una entrevista de trabajo.*

Con respecto a los recursos deben destacarse: *cartas de presentación, currículum vitae (bien sea de tipo cronológico, funcional, europeo, por proyectos, creativo o de book –con materiales multimedia–) y la agenda de búsqueda de empleo.* Por tanto, el alumnado de FP habrá de adquirir un conocimiento práctico de dichas técnicas y recursos al mismo tiempo que desarrolla las *actitudes* necesarias relacionadas con la motivación, la dedicación y el esfuerzo para ponerlos realmente en práctica una vez que adquiera la titulación de su ciclo.

En el caso de optar por el autoempleo resultará necesario que, desde los servicios de orientación, coordinando e impulsando las acciones correspondientes, se ayude al alumnado a adquirir competencia para diseñar un *proyecto de empresa*. En él debe describirse el producto o el servicio que se va a producir, el tipo de empresa que se quiere poner en marcha y un estudio de mercado lo más completo posible. Asimismo, habrá de contener el plan de lanzamiento previsto compuesto por los planes de promoción y producción además de un análisis de viabilidad.

5. Las tecnologías de la información y la comunicación (TIC) ¿Algo más que un recurso para la orientación inclusiva en la FP?

Hace ya 9 años que la Comisión Europea (EC) puso de manifiesto la necesidad de ampliar el uso de las TIC por parte de los profesionales de la educación para poder explotar el conocimiento accesible (EC, 2012). Luego, en la Declaración de Riga (UNESCO, 2015) se urge el desbloqueo del potencial de las TIC para el desarrollo y el empleo estableciendo como parte de los principios de los que se ha de partir: el desarrollo profesional continuo del entorno formativo-laboral y la utilización de telefonía móvil, comunicaciones, redes sociales, computación en la nube, análisis de *big data* e internet de las cosas como herramientas para la próxima generación de personas emprendedoras en toda Europa. En la misma línea se manifiesta la NICE (2012) a lo largo de un documento, *handbook*, en el que se expone una propuesta para la formación de los futuros profesionales de la orientación profesional.

Sin embargo, resulta ser la pandemia de COVID-19 el hecho crítico que motiva una reacción sin precedentes. En 2020 aparecen una serie de documentos, declaraciones, recomendaciones estudios e investigaciones que le asignan a la educación y formación profesional el papel de facilitador de la recuperación y transición hacia economías digitales y verdes. El Council of the European Union (2020b), en la Declaración de Osnabrück, nos habla de procesos digitales de enseñanza-aprendizaje que requieren del personal implicado en la FP en el desarrollo de nuevos enfoques metodológicos y didácticos para aplicar a un mundo interconectado. Este organismo señala entre sus recomendaciones, como uno de los criterios de la escala de evaluación del Marco de Referencia Europeo de Garantía de la Calidad en la Educación y Formación Profesionales (EQUAVET), el uso de las TIC en la FP en entornos de aprendizaje abiertos, digitales y participativos como los simuladores TIC y realidad virtual y aumentada, haciéndose un especial hincapié en la utilidad de estas tecnologías en las zonas rurales y con grupos vulnerables.

De igual modo es a partir del año 2020 cuando comienza a escucharse con mayor intensidad, en relación al empleo de las TIC, la voz de los y las profesionales de la orientación. Así, en la 4.ª reunión anual de CareersNet (CNet) (2020), la red de expertos independientes de CEDEFOP en orientación y desarrollo profesional de por vida, se abordó la necesidad de repensar la orientación profesional en el contexto digital. De igual modo, en la asamblea de ese mismo año, la IAEVG (2020) hace una llamada al necesario desarrollo y ejecución de formatos digitales específicos de orientación que respondan a las necesidades de las personas destinatarias. Asimismo, un año después (IAEVG, 2021) propone como medio para lograr una sociedad más inclusiva una orientación más accesible y asequible.

Sin embargo, la visión de quienes investigan sobre el uso de las TIC en la orientación profesional a partir de 2010 nos dibuja un panorama disfuncional, con ritmos y velocidades diferentes. Así, a la vista de los resultados de las investigaciones, puede decirse que las habilidades TIC de los orientadores, que, según Sobrado et al. (2010) se centraban entonces en el uso y manejo de las páginas webs y el correo electrónico como recursos tecnológicos, hoy en día apenas ha cambiado. Es más, tales habilidades aún no están del todo presentes en el desempeño profesional de los/as orientadores/as. Los resultados de las investigaciones indican que la primera disfunción aparece cuando existe una interiorización teórica de las habilidades profesionales con respecto a las TIC, incluso en el caso de aquellas de carácter ético (Sobrado y García, 2014), pero estas no llegan a ponerse en práctica por parte de un gran porcentaje de profesionales de la orientación. Probablemente porque el hacerlo en situaciones cambiantes y en entornos virtuales *online* y asíncronos le produce un cierto miedo escénico paralizante.

Ese miedo escénico, junto a la de desconfianza y falta de formación, puede ser la causante de la poca permeabilidad de ciertos departamentos de orientación a la hora de introducir en sus procesos de planificación y ejecución de programas las redes sociales y recursos digitales no ofimáticos (García-Hernández y Sánchez-Santamaría, 2013). En este sentido Rodríguez-Cortés (2014) da un paso hacia adelante al ir más allá de las herramientas *standalone* y propiciar el uso de las herramientas en línea de carácter gratuito para la orientación profesional y la atención a la diversidad. En su propuesta se da una mayor importancia a aquellas herramientas de productividad general, ofimáticas en línea que, junto con las utilizadas para buscar información y materiales en internet, constituyen las denominadas por Romero y Montilla (2015) el "maletín de primeros auxilios TIC" para la orientación. En su artículo recogen dos aseveraciones que, partiendo de los orientadores, consideramos fundamentales: el desconocimiento de las herramientas TIC útiles en su desempeño profesional y la ausencia de cursos específicos sobre ellas y su uso. En línea similar se hallan los resultados de la investigación de Muñoz-Carril y González-Sanmamed (2015) realizada sobre las plataformas webs de 155 departamentos de orientación de secundaria donde se pone de manifiesto la necesidad de fomentar la capacitación tecnológica de orientadores/as para posibilitar la incorporación de iniciativas de *e-orientación*.

Mas…, en la actualidad: ¿Qué herramientas digitales forman parte del repertorio de la *e-orientación*? Veamos algunas: a) adaptaciones de aplicaciones de uso común tipo WhatsApp, Facebook… a la orientación psicopedagógica en la FP y propiciar la autoorientación y el apoyo entre pares (Lafaurie-Molina et al., 2018); b) blogs de orientación profesional (Martínez-Juárez et al., 2018; Martínez-Clares et al., 2020); c) herramientas más complejas, como la realidad aumentada (Cabero, 2017, Agudelo y González, 2019) o el *e-portfolio* profesional (Olivares-García et al., 2020); d) entornos virtuales de aprendizaje con orientación vocacional integrada y aula virtual (Santana-Sardi y Vigueras-Moreno, 2019); e) sistemas expertos multiagente (El Haji et al., 2014); f) uso de la inteligencia artificial en los procesos de orientación profesional (Meydan y Goksu, 2014), orientación a través de *chatbots* (Zahour et al., 2020) y ecosistemas digitales basados en *Big Data* e inteligencia artificial (El Haji y Azmani, 2020).

Desde la panóptica que surge a partir de todo lo dicho se puede atisbar un modelo tecnológico con entidad propia que trasciende el uso de las TIC únicamente como medios, integrados en otros modelos de orientación. Es un modelo de orientación psicopedagógica en la FP que requiere la revisión de los existentes con miras a lograr una nueva síntesis de los mismos en la cual las TIC constituirían, si no el principal, uno de sus núcleos centrales, y cuya denominación podría ser *e-orientación*. Para el área concreta de orientación profesional proponemos dos contextos generados por el uso de las TIC en la FP: el de las TIC con una función instrumental y el de la *e-orientación* profesional, de naturaleza estructural, que toma forma como modelo emergente, donde tecnologías como la inteligencia artificial o la realidad virtual, entre otras, pasarían de ser medios a ser agentes eficaces para una FP en el sistema educativo realmente inclusiva (Fig. 1).

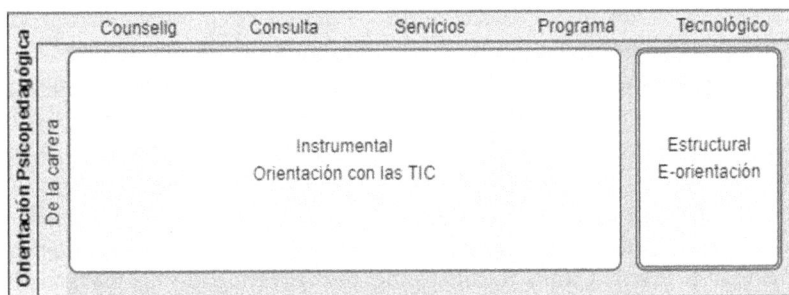

Fig. 1: Orientación en FP y TIC: instrumento y modelo

Referencias

Agudelo, M., y González, J. (2019). Realidad aumentada para el aprendizaje en estudiantes de Fonoaudiología de la Universidad de Playa Ancha. *EducacióN MéDica Superior, 33*(2). http://scielo.sld.cu/scielo.php?script=sci_artt ext&pid=S0864-21412019000200012

Ainscow, M. (2005). Desarrollo de Sistemas Educativos Inclusivos. En *Actas del Congreso Guztientzako Eskola. La respuesta a las necesidades educativas especiales en una escuela vasca inclusiva*. Vitoria-Gasteiz (pp. 19–36). Servicio Central de Publicaciones del Gobierno Vasco. www.hezkuntza.ejgv.euskadi. net/…escuela_inclusiva

Álvarez, M. (1998). *Orientación Profesional*. Cedecs

Álvarez Rojo, V. (1994). *Orientación educativa y acción educadora. Relaciones entre la teoría y la práctica*. EOS.

Álvarez, M., y Bisquerra, R. (2012). *Orientación educativa. Modelos, áreas, estrategias y recursos*. Wolters Kluwer.

Cabero, J. (2017). Presentación: Aplicaciones de la Realidad Aumentada en Educación. *Revista de Educación Mediática y TIC, 6*(1), 4–8. http://dx.doi.org/ 10.21071/edmetic.v6i1.5805

CareersNet (CNet) (2020). Note on lifelong guidance and the COVID-19 pandemic: Responses from Cedefop's CareersNet 28/04/2020 https://www.cedefop. europa.eu/files/2020_05_27_llg_and_pandemic_cnet_b.pdf

CEDEFOP (2020a). Cedefop, Thessaloniki, viewed 12 Apr 2021, https://www. cedefop.europa.eu/files/osnabrueck_declaration_eu2020.pdf

CEDEFOP (2020b). *Vocational education and training in Europe, 1995–2035: scenarios for European vocational education and training in the 21st century*. Luxembourg: Publications Office of the European Union. Cedefop reference

series; 114. https://www.consilium.europa.eu/uedocs/cms_Data/docs/pressd
ata/en/lsa/114962.pdf

CEDEFOP, European Commission, ETF,ICCDPP,; ILO,; OECD y UNESCO
(2020). *Career guidance policy and practice in the pandemic: results of a joint
international survey – June to August 2020*. Luxembourg: Publications Office
of the European Union. http://data.europa.eu/doi/10.2801/318103

Council of the European Union (2004). *Proyecto de Resolución del Consejo y
de los representantes de los Estados miembros reunidos en el seno del Consejo,
sobre el fortalecimiento de las políticas, sistemas y prácticas en materia de orientación permanente en Europa*. Bruselas, 18 de mayo de 2004, 8448/04, EDUC
89 SOC 179.

Council of the European Union (2020). *Osnabruck declaration on vocational education and training as an enabler of recovery and just transitions to digital and
green economies*, Cedefop, Thessaloniki, viewed 12 Apr 2021, https://www.
cedefop.europa.eu/files/osnabrueck_declaration_eu2020.pdf

Donoso. T., y Figuera, M.P. (2007). Niveles de diagnóstico en los procesos de
inserción y Orientación Profesional, *Revista electrónica de Investigación Psicoeducativa, 11*, 5(1), 103–124. http://www.redalyc.org/articulo.oa?id=29312
1941007

Drapela N.J. (1983). *The counselor as consultant and supervisor*. Springfield
III: Charles E. Thomas.

El Haji, E., & Azmani, A. (2020). Proposal of a Digital Ecosystem Based on Big
Data and Artificial Intelligence to Support. *International Journal of Modern
Education and Computer Science 12*(4), 1–11. http://dx.doi.org/10.5815/ijm
ecs.2020.04.01

El Haji, E., Azmani, A., & El Harzli, M. (2014). Expert system design for educa-
tional and vocational guidance, using a multi-agent system. En *International
Conference on Multimedia Computing and Systems (ICMCS)* (pp. 1018–1024).
Marrakech, Morocco. doi: 10.1109/ICMCS.2014.6911256.

European Commission (EC) (2012). Rethinking education: investing in skills for
better socio-economic outcomes, *Report No. 669*. Brussels: European Commission.

García-Hernández, J., y Sánchez-Santamaría, J. (2014). Estudio descriptivo sobre
los servicios de orientación para el empleo en Navarra. *REOP - Revista Española de Orientación y Psicopedagogía, 24*(2), 37–57. https://doi.org/10.5944/
reop.vol.24.num.2.2013.11258

Gutiérrez-Crespo, E. (2012). La orientación profesional y la búsqueda de
empleo: experiencias innovadoras y técnicas de intervención que facilitan la inserción laboral. En J. A, Planas (coordinador), A. Cobos, y

E. Gutiérrez-Crespo, *La orientación profesional y la búsqueda de empleo: experiencias innovadoras y técnicas de intervención que facilitan la inserción laboral* (pp. 40–55). Graó.International Association for Educational and Vocational Guidance (IAEVG) (2020a). I. J. Modern Education and Computer Science, 4, 1–11 Published Online August 2020 in MECS (http://www.mecs-press.org/). doi: 10.5815/ijmecs.2020.04.01

International Association for Educational and Vocational Guidance (IAEVG) (2018). Conferencia IAEVG Gotemburgo 2018. http://www.iaevgconference2 018.se/

International Association for Educational and Vocational Guidance (IAEVG) (2003). *Competencias internacionales para los profesionales de la orientación.* http://www.iaevg.org/

Lafaurie-Molina, A. M., Sinning-Ordóñez, P. A., y Valencia-Cobo, J. A. (2018). WhatsApp y Facebook como mediación pedagógica en procesos de Orientación Socio Ocupacional. *Educación y Educadores, 21(2)*, 179–199. https://doi.org/10.5294/edu.2018.21.2.1

Ley Orgánica 1/1990, de 3 de octubre, de Ordenación General del Sistema Educativo (LOGSE). *Boletín Oficial del Estado (BOE)* del 4 de octubre.

Ley Orgánica 3/2020, de 29 de diciembre, por la que se modifica la Ley Orgánica 2/2006, de 3 de mayo, de Educación (LOMLOE) (2020), *Boletín Oficial del Estado, 340, sec. I*, de 30 de diciembre de 2020, 122868 – 122953.

Ley Orgánica 3/2022, de 31 de marzo, de ordenación e integración de la Formación Profesional. BOE núm. 78, de 01/04/2022.

BOE-A-2022–5139https://www.boe.es/eli/es/lo/2022/03/31/3/con

Martínez-Clares, P., Martínez-Juárez, M., y Pérez-Cusó, F. (2020). Los blogs como recurso de la orientación profesional en la web 2.0. *REOP - Revista Española de Orientación y Psicopedagogía, 31(3)*, 7–25. https://doi.org/10.5944/reop.vol.31.num.3.2020.29259

Martínez-Juárez, M., González-Morga, N., y Pérez-Cusó, J. (2018). Aproximación al perfil formativo del orientador profesional en la blogosfera. *Revista de Investigación Educativa, 36(1)*, 39–56. https://doi.org/10.6018/rie.36.1.306401

Meydan, A., & Goksu, A. (2014). The Use of Artificial Intelligence In Vocational Guidance. *Journal of Education*, Society and Behavioural Science, 6(2), 95–107. https://doi.org/10.9734/BJESBS/2015/15011

Ministerio de Educación y Formación Profesional (2020). *I Plan Estratégico de Formación Profesional del Sistema Educativo 2019–2022.* https://www.todofp.es/dam/jcr:163978c0-a214-471e-868d-82862b5a3aa3/plan-estrategico--enero-2020.pdf

Ministerio de Educación y Formación Profesional (2021). *Plan de Moderniza-ción de la Formación Profesional*. 220720-Plan_modernizacion_FP.pdf

Monereo, C., y Solé, I. (Coords.) (1999). *El asesoramiento psicopedagógico: una perspectiva profesional y constructiva*. Alianza Editorial (4ª reimpresión).

Morrill, W. H., Oetting, E. R., & Hurst, J. C. (1974). Dimensions of counselor functioning. *Personal and Guidance Journal, 52* (6), 354–359. https://psycnet.apa.org/doi/10.1002/j.2164-4918.1974.tb04041.x

Muñoz-Carril, P.-C., y González-Sanmamed, M. (2015). Utilización de las TIC en orientación educativa: Un análisis de las plataformas web en los depar-tamentos de orientación de secundaria. *Revista Complutense de Educación, 26*(2), 447–465. https://doi.org/10.5209/rev_RCED.2015.v26.n2.43396

Network for Innovation in Career Guidance & Counseling in Europe (NICE) (2012). *NICE Handbook for the Academic Training of Career Guidance and Counselling Professionals*. Heidelberg: University (Institute of Educational Science).

Network for Innovation in Career Guidance & Counseling in Europe (NICE) (2016). *European Competence Standards for the Academic Training of Career Practitioners. NICE Handbook Volume II*. Barbara Budrich Publishers. https://www-nice--network-eu.translate.goog/pub/?_x_tr_sl=en&_x_tr_tl=es&_x_tr_hl=es&_x_tr_pto=sc&_x_tr_sch=http

Ocampo, C. (2012). Tutoría Educativa en los diversos niveles y escenarios peda-gógicos. En L.M. Sobrado, E. Fernández y M.L. Rodicio (Coords.), *Orienta-ción Educativa. Nuevas perspectivas* (pp. 217–243). Biblioteca Nueva.

Olivares-García, M., García-Segura, S., Gutiérrez-Santiuste, E., y Mérida-Serrano, R. (2020). El e-portafolio profesional: Una herramienta facilitadora en la transición al empleo de estudiantes de Grado en Educación Social en la Universidad de Córdoba. *REOP - Revista Española de Orientación y Psicopeda-gogía, 31*(3), 129–148 https://doi.org/10.5944/reop.vol.31.num.3.2020.29265.

Parsons, F. (1909). *Choosing a Vocation*. Houghton Mifflin.

Pérez Boullosa, A. (2009). Orientación para la Inserción profesional: estrategias y recursos. En L. Sobrado y A. Cortés (Coord.), *Orientación Profesional. Nue-vos escenarios y perspectivas* (pp. 263–285). Biblioteca Nueva.

Real Academia Española (2014). *Diccionario de la Lengua Española (23ª edición)*. SLU Espasa Libros.

Real Decreto 564/2010, de 7 de mayo, por el que se modifica el Real Decreto 1558/2005, de 23 de diciembre, por el que se regulan los requisitos básicos de los Centros integrados de formación profesional. (2020), *Boletín Oficial* del Estado, 127, *sec. I*, de 25 de mayo de 2010, 45626 – 45627.

Rego-Agraso, L. (2018). Los centros de formación profesional y su vinculación con el entorno: la perspectiva de alumnado y profesorado, *Revista Complutense de Educación, 29*(3), 683–697. http://dx.doi.org/10.5209/RCED.53

Rodríguez-Cortés, R. (2014). Google for Education en los departamentos de Orientación. *Revista AOSMA*, Nº18. https://issuu.com/revista_aosma/docs/aosma_23

Romero, C., y Montilla, M. (2015). La utilización de las TIC en la orientación educativa: un estudio exploratorio sobre la situación actual de uso y formación entre los profesionales de la orientación. *REOP - Revista Española de Orientación y Psicopedagogía, 26*(3), 78–95. https://doi.org/10.5944/reop.vol.26.num.3.2015.16402

Sánchez-García, M. F. (2004). *Orientación Laboral para la diversidad y el cambio.* Sanz y Torres.

Sánchez-García, M. F., y Suárez, M. (2017). Estrategias para la inserción laboral y el mantenimiento de la empleabilidad. En M. F. Sánchez-García (Coord.), *Orientación para el desarrollo profesional* (pp. 193–223). UNED

Sánchez-García, M. F. (2017). Contextos y modelos institucionales de orientación para el desarrollo profesional. En M. F. Sánchez-García (Coord.), *Orientación para el desarrollo profesional* (pp. 40–55). UNED.

Santana-Sardi, G. A., y Vigueras-Moreno, J. A. (2019). Hacia un Sistema Virtual de orientación vocacional. *Revista Cubana de Educación Superior, 38*(3). http://scielo.sld.cu/pdf/rces/v38n3/0257-4314-rces-38-03-e11.pdf

Sanz, C. y Manzanares, M.A. (2018). Claves sobre la intervención de la orientación profesional en los sistemas de formación profesional. En M. A. Manzanares y C. Sanz, *Orientación Profesional. Fundamentos y estrategias* (pp. 141–162). Ediciones Universidad de Castilla La Mancha.Sobrado, L., y Barreira, A. (2012). Servicios de orientación educativa: organización y funcionamiento. En L.M Sobrado, E. Fernández y M.ª Luisa Rodicio (Coords). *Orientación Educativa. Nuevas perspectivas* (pp. 187–215). Biblioteca Nueva

Sobrado, L., y Ceinos, C (2017). Modelos emergentes en Orientación Profesional. En M. F. Sánchez-García (Coord.), *Orientación para el desarrollo profesional* (pp. 67–94). Universidad de Educación Nacional a Distancia (UNED)

Sobrado, L., y Ocampo, C. (2000). *Evaluación Psicopedagógica y Orientación Educativa* (3ª edición). Estel.

Sobrado, L., Ocampo, C. I, Rodicio, M. L., y Arza, N. (2006). Los modelos de las Comunidades Autónomas, en R. Bisquerra, *Modelos de Orientación e Intervención Psicopedagógica* (pp. 209–218). Wolters Kluwer España.

Sobrado, L., Ceinos, M., y Fernández, E. (2010). Planning and development of an ICT-skills map in guidance. [Planificación y desarrollo de un mapa de habilidades TIC en orientación]. *Comunicar, 35,* 167–174. https://doi.org/10.3916/C35-2010-03-10

Suárez-Ortega, M., y Moreno, A. (2013). Estrategias básicas en intervención en orientación personal y profesional. En M. F. Sánchez-García, *Orientación profesional y personal* (pp. 211–233). UNED.

UNESCO (2015). *Declaración de Riga.* http://www.unesco.org/new/fileadmin/MULTIMEDIA/HQ/CI/CI/images/WPFD/2015/photogallery/riga_declaration_es.pdf

Zahour, O., Benlahmar, H., Eddaoui, A., Ouchra, H., & Hourrane, O. (2020). A system for educational and vocational guidance in Morocco: Chatbot E-Orientation, *Procedia Computer Science, 175,* 554–559. https://doi.org/10.1016/j.procs.2020.07.079

María João Sousa Santos / Daniela Batalha

Percepciones sobre la educación del alumnado sobredotado

Resumen: Este trabajo pretende abordar la cuestión de la sobredotación y sus características y cómo es percibida por los/as educadores/as en los territorios escolares. En una primera parte vamos a discutir sobre la cuestión de la sobredotación, centrando nuestra atención en las áreas del desarrollo de las competencias emocionales y de las relaciones en niños/as sobredotados/as. En un segundo momento se presentan algunas de las características emocionales de los sujetos sobredotados más destacadas en la literatura. En la tercera parte se sistematizan algunos de los resultados obtenidos en dos estudios sobre la percepción del profesorado de 1.º y 2.º del Ciclo de Enseñanza Básica acerca de los/as sobredotados/as, intentando conocer lo que saben sobre ellos/as, sus características y como adaptan las estrategias educativas a sus percepciones e ideas acerca del desarrollo de estos/as niños/as.

Palabras clave: competencias emocionales, enseñanza básica, profesorado, sobredotación.

1. Introducción

Este trabajo se centra en una investigación realizada entre los años 2018 y 2020 y que tenía por objetivo percibir la delimitación de la sobredotación en el contexto escolar, concretamente en la percepción y acción del profesorado de 1.º y 2.º Ciclo de Enseñanza Básica sobre el alumnado con sobredotación. Es esencial saber cuál es su percepción y el impacto que tiene en sus acciones, dado que solo conociendo al alumnado sobredotado, el profesorado puede darle respuestas adecuadas y diferenciadas, y permitir, de este modo, un acompañamiento individualizado. El conocimiento del tema es esencial para reconocer a un alumno/a sobredotado/a e identificarlo/a. La detección precoz y posterior identificación son esenciales para poder acompañar progresivamente al sobredotado/a. Para conocer cómo se percibe este proceso por los/as educadores/as planteamos el siguiente objetivo general de la investigación: *Conocer la percepción que los/as profesores/as poseen acerca de la sobredotación* y, a partir del mismo, formulamos los objetivos específicos. En este trabajo vamos a centrarnos solo en dos de esos objetivos específicos: *Conocer la percepción que los/as profesores/as poseen en relación con las características de los individuos sobredotados* y *saber si los/as profesores/as utilizan métodos diferenciadores ante la presencia de alumnos/as sobredotados/as.*

La temática de la sobredotación ha experimentado un nuevo impacto en las últimas décadas, y es esencial ser consciente de la auténtica dimensión de la misma, sabiendo que el alumnado con capacidades por encima de la media como los/as sobredotados/as no reciben una atención diferenciada del profesorado que "(…) reconozca la gran valía de la diversidad de sus alumnos, encuentre formas de tratar (…) [la] diferencia, adecuar los procesos de enseñanza a las características y condiciones individuales de cada alumno, movilizar los medios de que dispone para que todos aprendan y participen en la vida de la comunidad educativa (…)" (Power-deFur y Orelove, 1997, como se citó en Veiga, 2013, p. 608), que les facilite una exploración integral de sus competencias, sean intelectuales, sociales o emocionales, señalando que la adopción de prácticas inclusivas beneficia a todos en el aula, y permite a la totalidad del alumnado el desarrollo de la "(…) aceptación y valoración de las diferencias individuales, [así como una] mayor autoestima, capacidad genuina de amistad y adquisición de nuevas competencias" (Power-deFur y Orelove, 1997, como se citó en Veiga, 2013, p. 608).

Inclusión y equidad, objetivos supremos de la educación, se han debatido y discutido para hacer efectiva su aplicación en el día a día de todos los/as alumnos/as en Portugal, conforme recoge el Decreto Ley 54/2018 de 6 de julio, donde se señala que se deben evitar categorizaciones dentro de las denominaciones (Pereira, 2018).

En la escuela inclusiva, el alumnado sobredotado se beneficia de una intervención que combina programas educativos y medidas diferentes conforme a las características y necesidades propias (Veiga, 2013), porque es importante entender que los/as sobredotados/as, como todos los individuos, son diferentes entre sí.

Partiendo de la existencia de una relación dinámica entre el individuo y todos los contextos en que se inserta, es importante que la familia y la escuela reconozcan su papel fundamental en la "(…) promoción de la excelencia y en la prevención de posibles dificultades de los sobredotados en su desarrollo y en la escuela (…)" (Veiga, 2013, p. 618).

2. La sobredotación

El interés creciente por la problemática de la sobredotación y de los/as alumnos/as sobredotados/as se justifica por los avances y por la mayor difusión social del tema en la psicología y en la educación.

Hoy se acepta más fácilmente la diversidad y la diferencia humana, así como el derecho a la coexistencia y el respeto a la individualidad (Winner, 1999). Esta idea encaja en una política socioeducativa de igualdad de oportunidades, en la que la escuela inclusiva se preocupa de sus alumnos/as más capaces y de ellos puede esperar la excelencia en su aprendizaje y en su rendimiento académico. La educación debe tener como objetivo fundamental la promoción de la excelencia y el desarrollo máximo del potencial humano en todas las áreas, atendiendo a las características y necesidades de cada alumno/a en particular.

Desde la época de Terman (1965, como se citó en Trindade y Bahia, 2012) hasta las perspectivas actuales, se ha recorrido un gran camino en la investigación en el área de la sobredotación. Entre los investigadores que más han aportado a la perspectiva actual de la sobredotación destaca Renzulli con la teoría de los tres anillos, en la que se señala que es necesaria la interacción de tres características para poder hablar de sobredotación (Roca, 2017): habilidad general y/o habilidad específica por encima de la media; elevada implicación en las tareas y alto nivel de creatividad. También Mönks destaca con el modelo multifactorial que completa la teoría anterior y añade la influencia que el medio sociocultural tiene en el desarrollo individual del sobredotado (Fernandes, 2014). Por último Gagné (1999, como se citó en Miranda y Almeida, 2012) destaca con el modelo diferenciado de sobredotación y talento, centrado en la influencia que el ambiente puede ejercer sobre la sobredotación, lo que para este autor constituye la herencia genética, la cual entiende los talentos como habilidades innatas que se entrenan y permiten al individuo sobredotado especializarse en una determinada área, demostrando, según Almeida (1988, como se citó en Roca 2017, p. 10), que "la capacidad intelectual está poco diferenciada en la infancia, y va cristalizando a lo largo del desarrollo (…) dando origen a diferentes habilidades y destrezas cognitivas por lo que existe así, una diferenciación cognitiva progresiva. Cada uno de estos investigadores hizo su propuesta de modelo o teoría y permitieron la evolución de la definición de la sobredotación desde (…) una visión más unidimensional a una visión multifactorial y multidimensional" (Trindade y Bahia, 2012, p. 169).

Según Silva (1992, p. 20), el inidividuo sobredotado "(…) presenta capacidades por encima de la media en áreas diversas, que pueden existir aisladas o en combinación, siendo esas áreas la intelectual, la creativa, la social, la de liderazgo o la psicomotora". Existen varias características asociadas a la sobredotación que según Almeida (1985, como se citó en Roca, 2017) se pueden agrupar en cuatro dimensiones: capacidades cognitivas, aprendizaje, personalidad y motivación. Ante esta multidimensionalidad es esencial una evaluación basada en las diversas dimensiones individuales, a través de criterios de identificación precisos, y también promover una mayor formación del profesorado en el área específica de la sobredotación (Miranda y Almeida, 2012).

3. Sobredotación, competencias emocionales y de relación en niños/as sobredotados/as

Los/as sobredotados/as manifiestan algunas particularidades afectivas que merecen la atención porque pueden facilitar la comprensión de su desarrollo. Así, entre las características afectivas y emocionales está la preocupación moral en edades precoces: frecuentemente cuestionan reglas/autoridad, demuestran autoconciencia, sensibilidad/empatía y capacidad de reflexión, presentando un sentido elevado de la justicia y un gran poder de imaginación.

Respecto a las características sociales Miranda y Almeida (2018) destacan la sensibilidad interpersonal, el comportamiento cooperativo, la sociabilidad, la habilidad para establecer relaciones, la capacidad de liderazgo y de resolución de situaciones sociales complejas y una percepción certera de las situaciones sociales. En este contexto es fácil comprender que el/la niño/a sobredotado/a tenga necesidades sociales y emocionales que se materializan en la necesidad de estar en compañía de niños/as con las mismas capacidades e intereses, ser socialmente aceptado/a por sus pares, teniendo en cuenta que los sentimientos de rechazo por parte de sus compañeros/as interfieren con el aprendizaje, la motivación, la autoestima y la autoconfianza. En definitiva, estos/as niños/as tienen necesidades emocionales que se traducen en el deseo de sentirse seguros/as y poder expresarse, y en la necesidad de ser aceptados/as en lugar de ocultar sus capacidades, sentimientos e intereses.

Para algunos/as autores/as a las características emocionales y sociales de los sobredotados/as se les presta menor atención en comparación a las de las áreas cognitivas. Gross (2010) afirma que los/as sobredotados/as difieren de su grupo de pares no solo a nivel cognitivo, sino también en su desarrollo social y emocional; sin embargo, los resultados de los estudios existentes son, en la mayoría de los casos, divergentes. Así, podemos considerar la presencia de tres tendencias sobre el desarrollo emocional en los/as sobredotados/as: 1) existencia de un ajuste emocional por encima de la media; 2) dificultades a nivel emocional; y 3) igualdad en el bienestar emocional de los/as sobredotados/as en relación con el de los/as no sobredotados/as (Trindade y Bahia, 2012).

Las características cognitivas como la elevada inteligencia, el razonamiento abstracto avanzado y el pensamiento crítico superior no hacen al sobredotado/a inmune a las dificultades de orden emocional y social (Alencar, 2007). El hecho de que tengan capacidades superiores a las de los/as compañeros/as de su misma edad también influye en sus intereses y comportamiento lo que en ocasiones hace que no sea aceptado/a en su medio social. El bajo rendimiento está relacionado con diversos factores que llevan al niño/a sobredotado/a a un desempeño inferior al que corresponde a sus competencias, por lo que la necesidad de aceptación es uno de los factores individuales que puede llevar a esta discrepancia (Alencar, 2007). La competitividad, muchas veces atribuida a estos sujetos, no se corresponde, en la mayoría de los casos, con la de su grupo de edad, y se expresa en la búsqueda constante de tareas desafiantes para sí mismo, siendo su motivación intrínseca y no extrínseca (Gross, 2014). Esta actitud competitiva puede llevar al rechazo del grupo de pares. Cuando un/a niño/a no es aceptado por sus pares, desarrolla sentimientos de soledad que influyen en las interacciones sociales, especialmente en el ambiente escolar, donde puede manifestar timidez, ansiedad social y victimización ante el grupo de pares, que llevan a una baja autoestima. El sentimiento de no pertenencia y de no ser aceptado por el grupo lleva a la soledad y a la ansiedad. Un rechazo sistemático por parte de los pares aumenta la soledad y la anticipación de ese rechazo, lo que dificulta la iniciativa de establecer relaciones con los pares.

Gross (2002, como se citó en Trindade y Bahia, 2012) alude a la idea de que los/as sobredotados/as, debido a sus características específicas a nivel cognitivo y afectivo y más allá de sus intereses, elecciones, actitudes y de la forma como ven el mundo, buscan en la relación con sus pares cosas diferentes a las que persiguen los/as niños/as con capacidad media. Así, el hecho de que los/as sobredotados/as sean generalmente perfeccionistas, idealistas, busquen lo que es justo y sean muy sensibles, aumenta sus expectativas en relación con lo que esperan de una amistad.

Todas estas características confluyen en otra con una fuerte carga emocional: la sensación de ser diferente a los demás, que conlleva más dificultades en términos de desarrollo de la inteligencia social (Trindade y Bahia, 2012).

A este respeto, Alencar (2007) alerta sobre el disfraz que muchos alumnos/as sobredotados/as adoptan en relación con su potencial, con la esperanza de ser aceptados/as por el grupo de pares o como estrategia para enfrentar las presiones sociales ejercidas por el profesorado o el grupo de compañeros. Cuanto mayor sea el nivel de inteligencia, más destacadas serán esas características, haciendo que el/la niño/a sobredotado/a sea más vulnerable en su medio y que sea más difícil encontrar pares con los mismos intereses y expectativas.

Esta idea puede ayudar a entender por qué hay discrepancias entre los distintos estudios sobre el ajuste social de los/as sobredotados/as, al igual que hay niños/as con diferentes niveles de sobredotación (Alencar, 2007).

4. Estudio empírico

La presente investigación se ocupa del estudio de las creencias y percepciones, y es de naturaleza cualitativa y cuantitativa. Para el análisis de los resultados se llevó a cabo una triangulación metodológica, verificando el "(…) uso de diferentes métodos para estudiar un problema (…)" (Carmo y Ferreira, 1998, p. 184), teniendo interés por el "(…) significado de las experiencias vividas por los propios individuos (…)" (Fortin, 2009, p. 242), en este caso, el estudio de la percepción de profesores/as de 1.º y 2.º Ciclo de Enseñanza Básica, en relación con la sobredotación.

La muestra fue escogida con base a la necesidad de conocer la percepción del profesorado que acompaña al alumnado desde los primeros años de escolaridad, fase en que se hace esencial la identificación y reconocimiento de los/as alumnos/as sobredotados/as. Esta muestra está constituida por 97 profesores/as del 1.º y 2.º Ciclo de la Enseñanza Básica.

Según Bogdan y Bilken (1994, como se citó en Coutinho, 2011), este estudio se clasifica como estudio de caso único comunitario, ya que estudia una comunidad o grupo recogiendo datos de naturaleza cualitativa y cuantitativa (Carmo y Ferreira, 1998), a través del instrumento escogido para la presente investigación: el cuestionario.

A continuación, se presentan de forma gráfica los resultados obtenidos en las preguntas de carácter cerrado asociadas a cada objetivo específico de la investigación. Cada pregunta posee una barra correspondiente que ilustra las respuestas dadas, con seis colores que se corresponden a la escala aplicada, de cinco categorías de respuesta: "De acuerdo absolutamente", "De acuerdo", "En desacuerdo", "En desacuerdo absolutamente", "Sin opinión" y "Sin Respuesta". Aunque el cuestionario abarque más áreas, para este trabajo vamos a centrarnos tan solo en los principales resultados expresados en la Figura 1 (Características de los/as sobredotados/as) y en la Figura 2 (Métodos de Diferenciación en la sobredotación), por considerar que son los más interesantes para lo que describimos en el marco teórico y porque permiten una mejor comprensión del fenómeno objeto de estudio.

5. Resultados

En relación con el primer objetivo específico indicado, y en lo tocante al papel de las capacidades en la definición de la sobredotación, la cuestión: "Los/as sobredotados/as constituyen un grupo homogéneo, poseyendo todos las mismas características" presenta el mayor desacuerdo entre el profesorado (92.0 %), en

línea con la perspectiva de Mönks (2000) que subraya que los/as sobredotados/
as no son todos/as iguales, y tienen cada uno/a sus características, habilidades y
potencialidades, de ahí que el desarrollo individual sea diferente de un sobredo-
tado/a a otro/a (Fernandes, 2014).

En la cuestión: "El alumno/a sobredotado/a posee capacidades por encima de
la media", los/as profesores/as se mostraron en su mayoría de acuerdo (97.0 %),
idea que también se postula en varias definiciones de sobredotación, como la de
Renzulli (1985, como se citó en Bernardo, 2008) al referir que los/as sobredota-
dos/as poseen capacidades específicas por encima de la media, o la de autores
como Mettrau y Almeida (1994, p. 7) al mencionar que el término sobredotado
debe no solo incluir desempeños excepcionales en el "(…) campo escolar, sino
en (…) las expresiones artísticas, literarias y corporales (…)".

En la pregunta que sigue: "El/La sobredotado/a tiene capacidades superiores
en todas las áreas académicas", existe una mayoría (90.0 %) de profesores/as que
manifiesta una posición de desacuerdo. Y, en la cuestión: "Un/a alumno/a puede
ser sobredotado/a sólo en una área, presentando desempeños normales en todas
las demás", hay una mayoría de profesores/as que se manifiesta de acuerdo (88.0
%) pues, tal y como señala Silva (1992, p. 20), "el sobredotado es un individuo
que (…) presenta capacidades por encima de la media en áreas diversas, que
pueden darse de forma aislada o en combinación, áreas como la intelectual, la
creativa, la social, la de liderazgo o la psicomotora".

Ante la pregunta: "Cuando un/a niño/a demuestra precozmente talento en
determinada área es un/a sobredotado/a", la mayoría (81.0 %) de los /as profeso-
res/as se mostraron en desacuerdo, posición contrapuesta a la de Winner (1999)
quien añade que las capacidades por encima de la media se presentan precozmente, lo que permite la progresión en ciertos dominios (lenguaje, matemáticas,
educación física, entre otros), con una edad inferior a la media de los restantes
niños/as, de ahí que existan programas educativos como los de aceleración, que
permiten la entrada precoz en la escuela, o la "(…) participación en clases más
adelantadas o en cursos avanzados (…)" (Papalia y Feldman, 2013, p. 350), a través de la "(…) compactación curricular, aceleración por disciplinas, entre otras
(…)" (Southern y Jones, 1991, como se citó en Veiga, 2013).

Respecto a la relación de la creatividad y la curiosidad con la sobredotación,
se presentaron varias cuestiones . Si comenzamos por la creatividad, reflejada
en la cuestión: "Dos grandes características del alumnado sobredotado son el
elevado nivel de autonomía y la resolución de problemas de forma creativa", en
las opiniones del profesorado se observa un acuerdo mayoritario (51.0 %). Según
algunos autores (Roca, 2017; Virgolim, 2007 y Renzulli, 1998, como se citó en
ANEIS, 2020), la personalidad de los/as sobredotados/as incluye la autonomía y

la creatividad en altos niveles y, tal como Renzulli señaló (1978, como se citó en
Mettrau y Almeida, 1994), la motivación del sobredotado/a es intrínseca, esencial en el desarrollo de la sobredotación y en niveles elevados, a la par que es elevada la autonomía, "(...) determinando sus descubrimientos por la autonomía
y creatividad, lo que le permite la autonomía y la resolución de problemas de
forma original (...)" (Fernandes, 2014, p. 363).

En lo tocante a la curiosidad, vinculada a la cuestión: "Los/as sobredotados/
as son altamente curiosos/as, no aceptando explicaciones superficiales acerca
de los temas", los/as profesores/as están en su mayoría de acuerdo (80.0 %) con
la idea señalada por Roca (2017, p. 17) cuando refiere que el/la sobredotado/
a observa atentamente, y capta fácilmente conceptos, reteniendo y evocando
estratégicamente la información, mostrando curiosidad, buscando de forma
incesante el conocimiento, guiado/a por una motivación intrínseca que puede
llegar a ser obsesiva y unida a la facilidad por aprender, lo que lleva a tener un
(...) alto nivel de desempeño" en un determinado dominio por el cual muestra
preferencia".

En cuanto a la visión del profesorado acerca de la autoestima, la cuestión: "Los/
as sobredotados/as poseen una elevada autoestima" refleja su desacuerdo mayoritario (78.0 %). Por otro lado, en la cuestión: "Los/as sobredotados/as son alum-
nos/as con baja autoestima", los/as profesores/as también están en desacuerdo
mayoritariamente (56.0 %). En relación con el ajuste social y emocional, a la
cuestión: "El/La sobredotado/a tiene problemas de ajuste social y emocional",
la mayoría (54.0 %) del profesorado muestra su acuerdo con esta idea. Ante
estas dos posiciones contrapuestas, Terrassier (1979, cit. por Trindade y Bahia,
2012) destaca que el/la sobredotado/a posee una disincronía entre el desarrollo
cognitivo y el emocional, que puede llevar a que su autoconcepto académico sea
elevado, pero bajo en el nivel social y físico (Roca, 2017). Por otro lado, Veiga
(2013, p. 611) destaca que en relación con los desajustes socioemocionales o en
las dificultades en las relaciones interpersonales, los/as sobredotados/as tienen
"(...) un ajuste tan bueno, o aún mejor del que tienen los restantes niños de su
edad (...)". Con todo, es importante prestar atención a las características que
pueden indicar desajustes entre el desarrollo físico, socioemocional e intelectual.

En lo que concierne al déficit de atención en la sobredotación, la cuestión que
refleja este tema de forma clara es la siguiente: "Los/as sobredotados/as poseen
Déficit de Atención", y las opiniones del profesorado al respecto muestran un
desacuerdo (43.0 %), relacionando el déficit de atención con aquellas situaciones en las que no se llevan a cabo adaptaciones pedagógicas que atiendan las
necesidades del alumnado sobredotado, lo que puede generar algunas dificultades como "(...) trabajos escritos pobres e incompletos, intranquilidad y falta

de atención, buenas relaciones con personas de más edad, vulnerabilidad ante el fracaso, inestabilidad emocional y motivacional (…), persistencia en la defensa de sus puntos de vista, preguntas más amplias y retadoras para el profesorado inhibición en el aprendizaje/desempeño ante el grupo, impaciencia, sentido crítico o indiferencia ante las tareas, bajo rendimiento académico, dificultades de aprendizaje e hiperactividad (…) " (Peterson et al., 2009, como se citó en Veiga, 2013, p. 612).

Respecto a la relación entre la ética y la sobredotación, en la cuestión: "Los/as niños/as sobredotados/as revelan elevado interés y preocupación por los problemas del mundo", los/as profesores/as están mayoritariamente de acuerdo (45.0 %). Una de las facetas del/a sobredotado/a menos reconocida es tener preocupaciones exacerbadas en lo tocante al "(…) universo o a la vida tras la muerte, a las enfermedades o a las catástrofes a nivel planetario, que pueden conducir a verdaderas obsesiones y rituales compulsivos (…)" (Pereira, 2018, p. 254), acompañadas por un elevado nivel de altruismo y por preocupaciones éticas, un sentido exacerbado de la justicia y una conciencia precoz del bien y del mal, lo que puede hacerle caer en un elevado nivel de tristeza cuando toma contacto con la realidad (Trindade y Bahia, 2012).

En la cuestión: "Los/as sobredotados/as son muy egocéntricos/as", en la figura 1 se observa que los/as profesores/as demuestran mayoritariamente (54.0 %) su desacuerdo, resultado que coincide con la posición de autores que refieren que los/as sobredotados/as presentan una preocupación precoz por aspectos éticos (Roca, 2017) que están conectados a su elevado nivel de altruismo y a su sentido exacerbado de la justicia (Trindade y Bahia, 2012).

En cuanto al segundo objetivo indicado, comenzando por la motivación del alumnado sobredotado en el aula, ante la cuestión: "El desinterés por los aprendizajes es frecuente en alumnos/as sobredotados/as", la mayoría (63.0 %) del profesorado se muestra de acuerdo. Según diversos autores (Veiga, 2013; Renzulli, 1985, como se citó en ANEIS, 2020; Roca, 2017), los/as sobredotados/as presentan una motivación intrínseca, "(…) determinando sus descubrimientos por la autonomía y creatividad que poseen, lo que le permite el descubrimiento autónomo y la resolución de problemas de forma original; la búsqueda constante del conocimiento, guiada por su motivación intrínseca, puede llegar a ser obsesiva, lo que unido a la facilidad para aprender lleva el niño a tener un (…) alto nivel de desempeño" en determinado dominio por el que demuestra preferencia (Winner, 1999, p. 17); pero, en el caso de no tener un apoyo centrado en sus necesidades y exigencias, se puede llegar a desencadenar un desinterés por la escuela que se convierte en un lugar poco estimulante (Winner, 1999).

2.2.7. Los sobredotados son muy egocéntricos.			
2.2.15. Los niños sobredotados revelan un elevado interés y preocupación por los…			
2.2.14. El sobredotado tiene problemas de ajuste social y emocional.			
2.2.12. Los sobredotados poseen Déficit de Atención.			
2.2.10. Los sobredotados son alumnos con baja autoestima.			
2.2.6. Los sobredotados poseen una elevada autoestima.			
2.2.8. Los sobredotados son altamente curiosos, no aceptando explicaciones superficiales acerca…			
2.2.3. Dos grandes características del alumno sobredotado son el elevado nível de autonomía…			
2.2.2. Cuando un niño demuestra precozmente talento en determinada área es un sobredotado.			
2.2.5. Un alumno puede ser sobredotado solo en un área, presentando un desempeño normal en…			
2.2.4. El sobredotado tiene capacidades superiores en todas las áreas académicas.			
2.2.1. El alumno sobredotado posee capacidades por encima de la media.			
2.1.8. Los sobredotados constituyen un grupo homogéneo, poseyendo todos las mismas…			

Totalmente de Acuerdo   De Acuerdo   En Desacuerdo
Totalmente en Desacuerdo   Sin Opinión   Sin Respuesta

Fig. 1: Características de los/as sobredotados/as

En la cuestión: "Se debe motivar el alumno/a sobredotado/a, a través de la presentación de cuestiones creativas que le hagan pensar acerca de los contenidos programáticos", la mayoría (95.0 %) de los/as profesores/as encuestados/as muestra su acuerdo; tal y como Renzulli refiere (1978, como se citó en Miranda y Almeida, 2018, p. 7), en la sobredotación hay una unión entre "(…) habilidad por encima de la media, creatividad e implicación con la tarea (…)", siendo esencial potenciar ese poder creativo (Roca, 2017) que depende principalmente de lo que el contexto permite a cada individuo, por lo que los procesos de enseñanza aprendizaje adoptados en la escuela son esenciales para el desarrollo del proceso creativo de cada individuo (Alencar, 2007); también es importante que el profesorado adecúe su intervención con alumnos creativos, que objetive la valoración del alumno/a y de sus aptitudes, promueva su creatividad y permita la aplicación de la misma, trabajando estrategias de producción de ideas y de resolución creativa de problemas (Fernandes, 2014).

En la cuestión referida: "El profesorado debe evitar tareas rutinarias para el alumno/a sobredotado/a, que lo pueden desmotivar", los/as profesores/as están de acuerdo mayoritariamente (78.0 %). Tal y como señala Trindade y Bahia (2012), existe en estos niños, desde un primer momento, el sentimiento de ser diferente a los demás, que llega a ser evidente en su desajuste social, o en la insistencia por realizar tareas que coinciden con sus intereses, resistencia a la rutina y conformismo, siendo importante la adopción de estrategias de producción de ideas y de resolución creativa de problemas en el aula (Fernandes, 2014).

En la cuestión: "Los/as sobredotados/as están naturalmente motivados, por eso no necesitan adaptaciones pedagógicas en el aula", los/as profesores/as están en desacuerdo en su mayoría (92.0 %), lo que constituye una de las principales preocupaciones de la familia al reconocer la necesidad de un "(…) enriquecimiento y motivación para el aprendizaje, a la vez que se consiga un justo equilibrio sin llegar a presionar o estimar a la baja las capacidades." (Pires et al., 2008, p. 419). Así, educadores/as y profesores/as han de tener en cuenta que los/as sobredotados/as deben beneficiarse de una atención individualizada (Veiga, 2013), y de un aprendizaje a través del descubrimiento y la incentivación, la recepción de múltiples estímulos, la profundización de contenidos y la adopción de diversas estrategias de enseñanza que pueden favorecer la autonomía.

En lo tocante a los métodos pedagógicos utilizados, en la cuestión: "Los/as sobredotados/as no necesitan tanto tiempo de explicación en el aula, pues ya poseen capacidades excepcionales", se observa que la mayoría (62.0 %) de los/as profesores/as están en desacuerdo; el/la sobredotado/a, aunque tenga predisposición para determinadas áreas, necesita el apoyo de las figuras de referencia, que el contexto cultural sea motivador, que el medio donde se inserta promueva la competencia y su desarrollo, por lo tanto, es importante que sea reconocido como un elemento del sistema educativo al que se debe responder de forma diferenciada (Miranda y Almeida, 2013). La actuación pedagógica con los/as sobredotados/as debe traducirse en el apoyo a las "(…) necesidades personales específicas, en el sentido de promoción de la excelencia y de la prevención de posibles dificultades en el desarrollo psicosocial y en el aprendizaje escolar" (Miranda y Almeida, 2013, p. 298).

En la cuestión: "El/La sobredotado/a debe trabajar en la tutoría con el/la profesor/a, para recibir orientación en la busca de información", la mayoría (78.0 %) del profesorado está de acuerdo.

En la cuestión: "El/La profesor/a debe facilitar información al sobredotado, fuera de los contenidos de su programa" existe un mayoritario (95.0 %) acuerdo entre los/as encuestados/as.

En la cuestión: "El profesorado debe tener actividades "extra" para cuando el alumnado sobredotado acabe las tareas antes que sus compañeros/as", hay un acuerdo mayoritario (92.0 %).

Respecto a la cuestión: "El profesorado debe facilitar material individualizado al alumnado sobredotado, en consonancia con sus características e intereses", se muestra un mayoritario acuerdo (93.0%).

Sobre la cuestión: "El profesorado debe motivar el alumnado sobredotado para la reflexión acerca de nuevas maneras de resolver determinada situación", los/as profesores/as están en general (94.0%) de acuerdo.

Con base en las cuestiones anteriores, se subraya la necesidad de realizar una atención individualizada al alumnado sobredotado, porque más importante que identificar a alguien como sobredotado/a es el acompañamiento y la respuesta a sus necesidades educativas y de desarrollo (Miranda y Almeida. 2018), que han de beneficiarlo de un aprendizaje a través del descubrimiento y la incentivación que favorezca la autonomía (Mettrau y Almeida, 1994); individualizar la atención al alumnado tanto en los métodos como en los contenidos seleccionados, motivar mediante la flexibilización del currículo, respetando el programa curricular y profundizar en los temas que más le interesan (Veiga, 2013) es fundamental. También es importante que el profesorado promueva la creatividad en el aula, competencia que debe ser potenciada en el contexto escolar (Alencar, 2007), ya que el/la sobredotado/a tiene facilidad para trabajar con conceptos abstractos, captar los elementos o partes de los problemas y resolverlos de forma creativa (Roca, 2017).

En la cuestión siguiente: "El/La sobredotado/a debe trabajar autónomamente", los/as profesores/as muestran desacuerdo en su mayoría (69.0 %), pues perciben que la autonomía es uno de los rasgos de la personalidad del sobredotado/a reconocido ampliamente por los teóricos (Roca, 2017; Veiga, 2013; Mettrau y Almeida, 1994), dando primacía a la "(…) perseverancia, paciencia, trabajo arduo, dedicación a la práctica, autoconfianza y creencia en la propia habilidad (…)", "(…) pautando sus descubrimientos a través de la autonomía y creatividad, que le permite el descubrimiento autónomo y la resolución de problemas de forma original (…) " (Virgolim, 2007, como se citó en Fernandes, 2014, p. 3863). Al mismo tiempo, asumiendo su función de tutoría, han tener en cuenta que los/as niños/as sobredotados/as deben tener una atención individualizada (Veiga, 2013) y beneficiarse de un aprendizaje, a través del descubrimiento e incentivación, lo que favorece la autonomía (Mettrau y Almeida, 1994).

En cuanto a la consideración de la sobredotación como necesidad educativa especial, la cuestión: "El/La sobredotado/a debe tener un PEI" provoca el acuerdo mayoritario (57.0 %) entre el profesorado.

En la cuestión: "Los/as sobredotados/as poseen necesidades educativas especiales, de ahí que sea necesaria una pedagogía diferenciada", el acuerdo entre el profesorado es general (91.0 %). Tal como se señaló anteriormente, el término necesidades educativas especiales ya no se utiliza hoy, y todos los/as alumnos/as están comprendidos en Portugal en el Decreto Ley 54/2018 de 6 de julio, por lo que existen medidas de diferente nivel que tienen por objeto garantizar la adecuación "(…) a las necesidades y potencialidades de cada alumno/a y la garantía de unas condiciones para su realización plena, promoviendo la equidad y la igualdad de oportunidades en el acceso al currículo, en la frecuencia y en la progresión a lo largo de la escolaridad obligatoria", por lo que no existe una clasificación de el alumnado. En dicho decreto (Decreto-Ley 54/2018 de 6 de julio) se recogen medidas que se pueden aplicar al alumnado sobredotado, tales como las medidas universales, las selectivas y las adicionales, siendo las selectivas las que requieren la elaboración de un Informe Técnico Pedagógico (RTP); solo los/as alumnos/as incluidos/as en las medidas adicionales necesitarán un Programa Educativo Individual (PEI) incluido en el Informe Técnico Pedagógico (RTP).

En la cuestión: "Los programas educativos específicos son importantes para el ajuste emocional y social del alumnado sobredotado", los/as profesores/as expresan un acuerdo mayoritario (79.0 %).

Sobre la cuestión: "El alumnado sobredotado no necesita de adaptaciones pedagógicas en el aula para obtener resultados excepcionales", los/as profesores/as están de acuerdo mayoritariamente (56.0 %).

A la pregunta: "La escuela es un local poco estimulante para el/la sobredotado/a, aun cuando no existen adaptaciones pedagógicas para el/la niño/a", la mayoría del profesorado muestra su acuerdo (66.0 %). En una escuela inclusiva el alumnado sobredotado se beneficia de una intervención que combina programas educativos y medidas educativas, diferenciándose de acuerdo con las características y necesidades propias (Veiga, 2013). Programas como la aceleración y el enriquecimiento escolar son esenciales en el desarrollo del/a sobredotado/a cuando se demuestra, de acuerdo con Neihart (1999, como se citó en Trindade y Bahia, 2012), un elevado nivel de ajuste emocional, que anula significativamente los riesgos de problemas emocionales de sus participantes.

En cuanto a la diferenciación pedagógica en la sobredotación, reflejada en la cuestión: "La potencialización o inhibición del alumnado sobredotado, en términos sociales, depende en gran medida de las respuestas educativas que le proporciona la escuela", el acuerdo es mayoritario (79.0 %) entre el profesorado. Tal como señala Pereira (2005, p. 254), la insuficiente estimulación cognitiva por parte de la escuela puede llevar a el/la sobredotado/a a sufrir "(…) efectos devastadores a nivel socioafectivo (…)". Así, potenciar o inhibir la sobredotación depende de varios factores y de las respuestas educativas para "(…) intervenir de forma eficaz e impedir las limitaciones (…) en el desarrollo de su pleno potencial" (Trindade y Bahia, 2012, p. 175).

En la cuestión en la que se dice: "La enseñanza diferenciada para sobredotados/as es esencial, para estimular su interés y mejorar su autoconcepto", la mayoría (89 %) de los/as profesores/as están de acuerdo. Tal como se indicó previamente, existen posiciones antagónicas sobre este particular; por un lado se dice que el/la sobredotado/a presenta una disincronía entre el desarrollo cognitivo y emocional que puede hacer que su autoconcepto sea elevado en el plano académico pero más bajo en el social y físico (Roca, 2017), por lo que puede estar el origen de ello en la escuela y en la familia, en la medida en que "(…) no consiguen satisfacer las necesidades de los sobredotados, reaccionando de forma negativa o con indiferencia" (Trindade y Bahia, 2012, p. 175); por otro lado, Veiga (2013, p. 611) destaca que en relación con los desajustes socioemocionales o las dificultades en las relaciones interpersonales los/as sobredotados/as tienen "(…) un ajuste tan bueno, o aún mejor, que sus compañeros de la misma edad (…)", por lo que es esencial la aplicación de estrategias diferenciadas para promover el mejor desarrollo emocional y social (Trindade y Bahia, 2012).

En lo que concierne a la promoción y acompañamiento biopsicosocial del sobredotado/a, reflejada en la cuestión: "El profesorado debe ayudar el alumno/a sobredotado/a a gestionar la frustración, ante la experiencia de situaciones de fracaso", tal y como se puede ver en la figura 2, la mayoría (92.0 %) de los/as profesores/as demuestra su acuerdo. El alumnado sobredotado puede experimentar sentimientos excesivos de autocrítica e inconformismo que pueden conducir a la irritación, agresividad, impulsividad, déficit de atención, baja autoestima y elevados niveles de ansiedad (Alencar, 2007), siendo esencial que el/la profesor/a tenga en cuenta en su intervención con estos/as alumnos/as aspectos que visibilicen su valoración y promuevan su creatividad, que fortalezcan su autoconfianza, curiosidad, persistencia, independencia de pensamiento, apoyo en la explotación de situaciones nuevas y le ayuden en la superación de bloqueos emocionales, tales como los sentimientos de inferioridad, inseguridad, miedo a equivocarse o a ser objeto de crítica (Fernandes, 2014).

3.1.4. El profesor debe ayudar al alumno sobredotado a gestionar la frustración, cuando experimenta situaciones de fracaso. — 30 | 62 | 6

3.2.3. La enseñanza diferenciada para sobredotados es esencial, de cara a estimular su interés y mejorar su autoconcepto. — 21 | 68 | 6

3.2.8. La potencialización o inhibición del alumno sobredotado, en términos sociales, depende en gran parte de las respuestas educativas que están a su... — 13 | 56 | 5

3.2.7. La escuela es un espacio poco estimulante para el sobredotado cuando no existen adaptaciones pedagógicas para el niño. — 11 | 55 | 22 | 10

3.2.5. El alumno sobredotado no necesita adaptaciones pedagógicas en el aula para obtener resultados excepcionales. — 8 | 48 | 32 | 10

3.2.4. Los programas educativos específicos son importantes para el ajuste emocional y social del alumno sobredotado. — 13 | 66 | 12

3.2.1. Los sobredotados poseen necesidades educativas especiales que hacen necesaria la existencia de una pedagogía diferenciada. — 19 | 72 | 4

3.1.2. El sobredotado debe tener un PEI. — 7 | 50 | 25 | 15 | 1

3.1.1. El sobredotado debe trabajar autónomamente. — 23 | 65 | 7

3.1.10. El profesor debe motivar al alumno sobredotado para la reflexión acerca de nuevas maneras de resolver determinada situación. — 29 | 65 | 5

3.1.8. El profesor debe facilitar material individualizado al alumno sobredotado de acuerdo con sus características e intereses. — 31 | 62 | 5

3.1.7. El profesor debe realizar actividades "extra" cuando el alumno sobredotado acabe las tareas antes que los compañeros. — 31 | 61 | 8

3.1.5. El profesor debe facilitar información al sobredotado, incluso fuera de los contenidos de su programa. — 29 | 66 | 2

3.1.3. El sobredotado debe trabajar con tutoría con el profesor, para orientarlo en la búsqueda de información. — 7 | 71 | 7

3.2.2. Los sobredotados no necesitan tanto tiempo de explicación en el aula, ya que poseen capacidades excepcionales. — 26 | 61 | 13

3.2.6. Los sobredotados están naturalmente motivados, por eso no necesitan adaptaciones pedagógicas en el aula. — 5 | 73 | 40

3.1.9. El profesor debe evitar las tareas rutinarias para el alumno sobredotado que lo pueden llevar a desmotivarse. — 26 | 52 | 18 | 5

3.1.6. Se debe motivar al alumno sobredotado presentado preguntas creativas que lo hagan pensar acerca de los contenidos programados. — 31 | 64 | 4

2.2.11. El desinterés por los aprendizajes son frecuentes en los alumnos sobredotados. — 10 | 53 | 27 | 10

%   0   10   20   30   40   50   60   70   80   90   100

Totalmente de Acuerdo   De Acuerdo   En Desacuerdo

Totalmente en Desacuerdo   Sin Opinión   Sin Respuesta

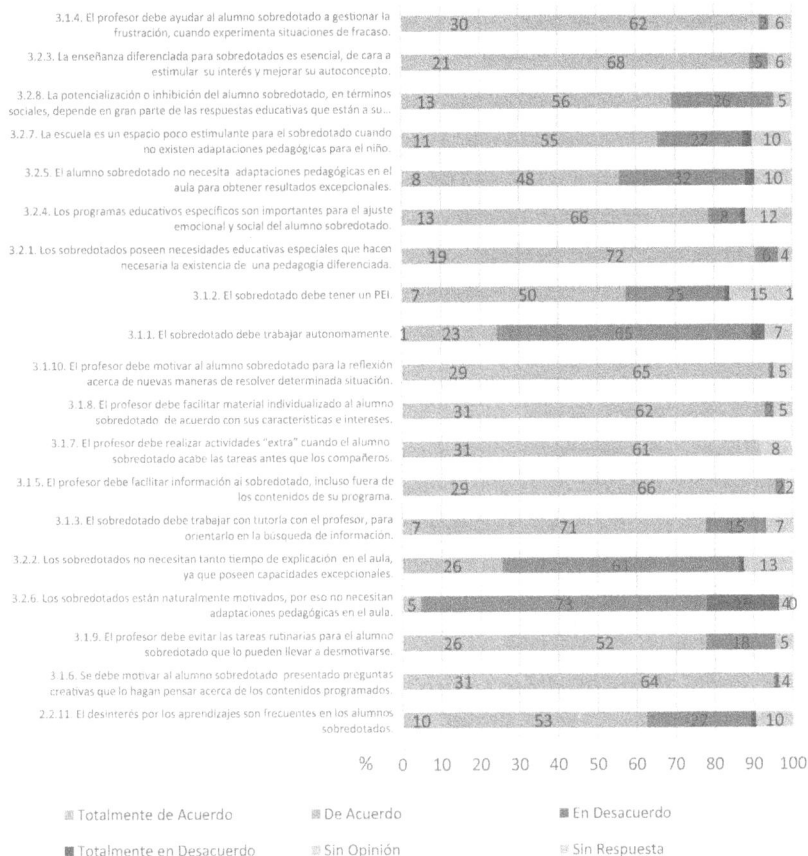

Fig. 2: Métodos de diferenciación en la sobredotación

6. Conclusiones

La sobredotación ha sido un tema muy investigado en la última década. Sin embargo, a pesar del creciente interés, es aún necesario explorar muchas de sus dimensiones.

Cuando se piensa en la sobredotación esta aparece asociada a la elevada capacidad cognitiva que determinado individuo demuestra. A pesar de esta idea, el concepto no se define de forma tan lineal, no pudiendo remitir "a una definición única y universalmente aceptada (…)" (Antunes y Almeida, 2011, p. 17). Así, más allá de la necesidad de una actualización conceptual debido a la complejidad del fenómeno de la sobredotación y a la falta de una delimitación del concepto, hay que tener en cuenta la influencia de los mitos o tabúes que contaminan la identificación de los/as sobredotados/as, que dificultan la actuación por parte de los profesionales y complica la autogestión emocional que tienen que enfrentar cuando se encuentran en un medio constituido por personas con características diferentes a las suyas. De este modo, es esencial que se continúe investigando sobre qué es la sobredotación, cómo identificar al sobredotado/a y cómo intervenir con él/ella, no solo en el contexto escolar, sino también en la comunidad en general, pues es fundamental conocer de forma transversal los distintos modos de promoción de su desarrollo.

En el caso específico de la escuela, y siendo el profesorado quien más acompaña al sobredotado/a, es inevitable la formación de estos profesionales, dirigida a deconstruir ideas comunes, así como estimular la reflexión sobre una intervención diferenciada dentro de una lógica de escuela inclusiva.

Al ser la influencia de la percepción tan importante en la elaboración del comportamiento individual, es fundamental conocer las percepciones de los/as profesores/as en relación con el tema para poder definir qué actitudes asumen ante esta realidad.

A partir del análisis de la percepción de profesorado de 1.º y 2.º Ciclo de la Enseñanza Básica se puede concluir que la idea que reúne más consenso es la de que el/la sobredotado/a debe poseer capacidades por encima de la media en las áreas escolares, lingüística o lógico-matemática y espacial, dando importancia al valor del cociente intelectual en la evaluación y definición de la sobredotación. Los/as profesores/as perciben la sobredotación como resultado de varios factores biopsicosociales y creen que no es resultado de factores socioeconómicos.

Es también importante señalar que no siempre un/a sobredotado/a se convierte en un/a adulto/a con altas capacidades y de éxito, pudiendo no tener un futuro brillante. El profesorado participante en la investigación cree que el grupo de los/as sobredotados/as no es homogéneo; no todos/as tienen las mismas características; reconocen que poseen capacidades por encima de la media, pero muchas veces en áreas específicas; perciben que el/la sobredotado/a puede serlo solo en un área, presentando desempeños normales en las restantes y no creen que alguien que demuestra de forma precoz talento en un área es sobredotado/a. El profesorado señala que son muy curiosos/as y no aceptan explicaciones superficiales.

Además, indican que no tienen una elevada autoestima, pero tampoco revelan que sea baja. Apuntan, así mismo, que poseen déficit de atención y problemas de ajuste social y emocional, y creen que son altruistas.

En el contexto del aula, los/as profesores/as consideran que con frecuencia muestran desinterés por los aprendizajes, y necesitan motivación mediante la presentación de cuestiones creativas y evitar las tareas rutinarias, capaces de prevenir la desmotivación. Indican que es importante hacer adaptaciones en el aula para motivar al alumnado sobredotado. Creen que necesitan atención individual, a pesar de las capacidades excepcionales que poseen; reconocen que el profesorado debe ser un tutor que les oriente en la búsqueda de información y en la organización de actividades "extra" cuando acaban las tareas antes que sus compañeros/as; el profesorado también debe facilitarles el acceso a material individualizado de acuerdo con sus intereses, motivando a reflexionar sobre nuevas formas de resolver determinadas situaciones, y no creen que deban trabajar autónomamente.

En general, los/as profesores/as consideran que la mejor manera de actuar es mediante la diferenciación de los métodos pedagógicos, y reconocen que los programas educativos son importantes para el ajuste emocional y social del sobredotado/a. Trabajar en el aula sin adaptaciones pedagógicas es poco estimulante para el/la sobredotado/a; finalmente admiten que potenciar o inhibir la actividad social del sobredotado/a depende de las respuestas educativas disponibles en la escuela.

Con el presente estudio se pretendía suscitar la reflexión acerca de la actividad docente hacia los/as alumnos/as sobredotados/as, siendo fundamental estimular las buenas prácticas y eliminar aquellas menos favorables en la intervención pedagógica. Como se señaló a lo largo del texto, se trata de un estudio de caso y no puede ser generalizado, pero puede constituir un apoyo teórico y práctico para la reflexión acerca del/a sobredotado/a como alumno/a y acerca de la práctica del profesorado dirigida a estos/as alumnos/as.

Referencias

Alencar, Y. (2007). Creatividad en el Contexto Educacional: Tres Décadas de Investigación. *Psicología: Teoría e Investigación, 23* (especial), 45–49.

ANEIS (2020). *Sobredotação*. Associaçao Nacional para o Estudo e a Intervençao na Sobredotaçao. https://www.aneis.org/

Antunes, A. y Almeida, L. (2011). A Criatividade: Critério (necessário ou suficiente) no Diagnóstico de Sobredotação. *Revista Diversidades, 34*, 17–18.

Carmo, H., y Ferreira, M. M. (1998). *Metodología de la Investigación: Guía para Auto-aprendizaje*. Universidad Abierta.

Coutinho, C. P. (2011). *Metodología de Investigación en Ciencias Sociales y Humanas: Teoría y Práctica*. Almedina.

108 María João et al.

Decreto-Ley 54/2018 de 6 de julio. *Diario de la República n° 129 - 1.ª serie* Lisboa: Ministerio de la Educación.

Fernandes, T. (2014). Teoría Triádica da Superdotação: Habilidades Superiores, Criatividade e Motivaçao. *SEDUC/CE - EDUECE Didáctica y Práctica de Enseñanza en la relación con la Sociedad* (3), 3860–3868.

Fortin, M. F. (2009). *Fundamentos y etapas del proceso de investigación*. Lusodidacta.

Gross, M. U. M. (2010). *The pursuit of excellence or the search sea intimacy? The forced-choice dilemma of gifted youth*. Roeper, *11*(4), 189–194.

Gross. M. U. M. (2014). Issues in the Social-Emotional Development of Intellectually Gifted Children. In F. Piske, J.M., Hacha, S. Bahia y T. Stoltz, *Alta Habilidad/Superdotação* (AH/SD) (pp. 83–94). Juruá Ediçéles.

Mettrau, M., y Almeida, L. (1994). A Educaçao da criança sobredotada: A necessidade social de um atendimento diferenciado. *Revista Portuguesa de Educaçao*, (1 y 2), 5–13.

Miranda, L. C., y Almeida, L. S. (2018). Sobredotação en Portugal: Legislación, investigación e intervención. In L. S. Almeida y A. Roca (Coord.) *Sobredotação: Una responsabilidad colectiva* (pp. 265–287). CERPSI.

Miranda, L. y Almeida, L. (2013). Sinalização das Altas Habilidades Cognitivas pelos Professores: Validade Estrutural da Escala de Habilidade Cognitiva e de aprendizagem (Ehac). *Revista Amazónica, 11*(2), 297–309.

Miranda, L., y Almeida, L. (2012, Julio y diciembre). Sinalização de Alunos Sobredotados e Talentosos: Perfil de Desempenho en Provas Psicológicas e Perceção dos Professores. *Revista Amazónica, 10*(3), 146–164.

Mönks, F. (2000). Al servicio de las necesidades de los sobredotados: la plantilla de la combinación óptima. En *Ahora IX Plantillas Alternativas de Formación*. CEDEFOP, Salónica.

Papalia, D., y Feldman, R. (2013). *Desarrollo Humano*. AMGH Editora.

Pereira, F. (Coord.) (2018). *Para una Educación Inclusiva: Manual de Apoyo a la Práctica*. Ministerio de la Educación/Dirección General de la Educación.

Pereira, M. (2005). Educação e desenvolvimento de alunos sobredotados: Factores de risco e de protecção. Universidade de Coimbra: Faculdade de Psicologia e Ciências da Educação. *Revista Portuguesa de Pedagogia, 39*(3), 243–258.

Pires, H., Matos A. O. & Candeias, A. (2008). (Des) Encontros de Pais com Filhos Sobredotados. *International Journal of Developmental and Educational Psychology, 4*(1), 417–424.

Roca, A. (Coord.) (2017). *Guía para Profesores y Educadores - Altas Capacidades y Sobredotação: Comprender, Identificar, Actuar*. Asociación Nacional para el Estudio e Intervención en la Sobredotação.

Silva, M. (1992). *Sobredotados: sus necesidades educativas específicas*. Puerto Editora.

Trindade J. P., y Bahia, S. (2012). Emoçoes na Sobredotação: da Teoría á Prática. *Revista Amazónica, 10*(1), 165–185.

Veiga, F. H. (2013). *Psicología de la Educación: Teoría, Investigación y Aplicación – Implicación de los Alumnos en la Escuela*. Climepsi Editores.

Winner, Y. (1999). *Niños sobredotados: Mitos y Realidades*. Instituto Piaget.